Darluniau o Gymru
Paintings of Wales

Wynne Melville Jones

Diolch i bawb a wnaeth y gyfrol hon yn bosibl ac yn arbennig
i dîm Y Lolfa am ddangos diddordeb, ymroddiad a brwdfrydedd diflino.

Argraffiad cyntaf: 2017

© Hawlfraint Wynne Melville Jones a'r Lolfa Cyf., 2017

Mae hawlfraint ar gynnwys y llyfr hwn ac mae'n anghyfreithlon i lungopïo neu atgynhyrchu unrhyw ran ohono trwy unrhyw ddull ac at unrhyw bwrpas (ar wahân i adolygu) heb gytundeb ysgrifenedig y cyhoeddwyr ymlaen llaw

Dymuna'r cyhoeddwyr gydnabod cymorth ariannol
Cyngor Llyfrau Cymru

Lluniau: Wynne Melville Jones
Cynllun y clawr: Matt Flint

Ffotograffiaeth:
Llyfrgell Genedlaethol Cymru,
Iestyn Hughes, Wynne Melville Jones, Arvid Parry-Jones

Rhif Llyfr Rhyngwladol: 978 1 78461 483 6

Argraffwyd a chyhoeddwyd yng Nghymru gan
Y Lolfa Cyf., Talybont, Ceredigion SY24 5HE
gwefan www.ylolfa.com
e-bost ylolfa@ylolfa.com
ffôn 01970 832 304
ffacs 832 782

Cynnwys | Contents

Rhagair	Foreword	6	Pilleth	62
Cyfathrebu mewn Paent	Communicating in Paint	7	Cors Caron	66
Rhannu Naws y Wlad	Sharing the Mood of the Land	9	Bwthyn Trevigan	Trevigan Cottage	70
Tŷ Poli	14	Ar y Ffordd i Lanrhian	On the Back Lane to Llanrhian	74
Soar-y-mynydd	18	Boddi Nant-y-moch	The Drowning of Nant-y-moch	76
'Taro'r Post i'r Pared Glywed'	A Camping Story	21	Dau Gapel, Tal-y-bont	Two Chapels, Tal-y-bont	80
Watch Cottage	24	Sguboriau	Barns	84
Prom Aberystwyth	Aberystwyth Prom	28	Capel Harmony	Harmony Chapel	88
Eglwys y Mwnt	Mwnt Church	32	Penmaendewi	St David's Head	92
'Craig Elvis'	'Elvis Rock', Eisteddfa Gurig	36	Mynydd Gorddu	96
Mathri	Mathry	40	Wallog	100
Tŷ Bach, Aberaeron	44	Mynydd Bach, Ceredigion	104
Ffermdy Kennixton	Kennixton Farmhouse	48	Elenydd	The Cambrian Mountains	108
Pantyfedwen	52	Croes Bregethu Llandaf	Llandaff Preaching Cross	112
Y Tŷ Cwch, Talacharn	The Boathouse, Laugharne	57	Pantycelyn	116
Ynys Lochtyn	Ynys Lochtyn Island	57		

Rhagair

Rydych chi'n gwybod o'r olwg gyntaf mai lluniau o Gymru yw ei waith a'i fod wedi ei drwytho yn yr hanes sydd y tu ôl iddyn nhw. Does dim cwestiwn o gwbwl ynghylch ei angerdd am yr hyn y mae yn ei ddarlunio, yn ei weld a'i baentio ar ganfas, a hynny mewn modd sy'n deilwng o'r gwir artist.

Dyn sy'n nabod ei genedl ac sydd â balchder yn ei dreftadaeth ydyw gyda gweledigaeth glir i gofnodi ei gynefin mewn darluniau a thrwy hynny wneud cyfraniad i ddiwylliant gweledol Cymru. Pan yn fyfyriwr bu'n astudio yng Ngholeg Celf Abertawe ac yn ddiweddarach yng Ngholeg y Drindod Caerfyrddin. Wedyn defnyddiodd ei sgiliau creadigol mewn sawl cyfrwng i sefydlu ei hun fel arloeswr dylanwadol ym myd cyfathrebu. Yn y maes hwn defnyddiodd ei ddychymyg a'i syniadau i feithrin a datblygu cynlluniau i gyfoethogi diwylliant y genedl Gymreig. Erbyn hyn mae'n cyflawni yr un gwaith drwy gyfrwng ei ddarluniau. Y mae yn Gymro angerddol ac yn adnabod yn dda yr hyn y mae yn ei ddarlunio. Mae'n ddidwyll ac yn deyrngar i'w weledigaeth a hynny yn ei arddull unigryw ei hun.

Fe wnaeth yn dda, yn arbennig o dda, yn ei waith cyfathrebu, a hynny am ei fod yn credu yn wironeddol yn yr hyn yr oedd yn ei gyfathrebu. Bellach daw yr un nodweddion i'r golwg yn ei ddarluniau. Dyma ddyn sy'n deall ei faes ac sy'n sylweddoli pwysigrwydd rhannu hynny gyda'i gyd-Gymry ac eraill y tu hwnt i ffiniau Cymru trwy gyfrwng celfyddyd.

Myles Pepper
Cyfarwyddwr Celf Gorllewin Cymru

Foreword

You know immediately that his paintings are of Wales and that he truly understands every aspect of the history behind them. There can be no questioning his passion for what he paints, what he sees, and what he puts down on the canvas, in a way that only a true painter can.

Here is a man who knows his nation, is immensely proud of its heritage and determined to record its history, particularly through painting the vernacular. This is his contribution to the visual culture of Wales. In his student days Wynne studied at Swansea College of Art and later at Trinity College Carmarthen, and he then used his creative skills, both written and spoken, to establish himself as an important and influential figure in the field of communications. In this field he used his creative mind to develop ideas to nurture and grow the cultural strength of his beloved nation of Wales, leaving important legacies that he now brings to his paintings. He is deeply passionate about, and understanding of, the subjects he paints. He is true to that which he interprets with an honesty and style that is unmistakably his.

He did well, very well, in his communications work, and that was quite simply because he truly believed in what he was communicating, and this comes through in his painting. Here is a man who knows his subject, recognizes the importance of sharing it with the people of the nation and beyond its borders, and all this shines through in his art.

Myles Pepper
Director, West Wales Arts

Cyfathrebu mewn Paent

Gwych o beth yw gweld pencampwr ym maes cysylltiadau cyhoeddus yn cyfathrebu drwy baentio, drwy arlunio. Fel arloeswr a phennaeth cwmni cyfathrebu cenedlaethol, defnyddiodd Wynne Melville Jones nifer helaeth o ddulliau i ledaenu negeseuon ar ran cleientau bach a mawr, a hynny dros flynyddoedd maith. Defnyddiodd ei ddawn trin geiriau yn llafar ac yn ysgrifenedig a harneisiodd ei frwdfrydedd creadigol er mwyn creu rhai o ymgyrchoedd cyhoeddusrwydd mwyaf blaenllaw Cymru.

Ac yna newid cyfeiriad. Yn y llyfr hwn, wele dystiolaeth helaeth ac ardderchog o Wynne Melville Jones y cyfathrebwr trwy baent. Unwaith yn rhagor harneisiodd ei frwdfrydedd, ond y tro hwn ymddengys ei greadigrwydd mewn paent ar ganfas gan ein denu nid â geiriau a ffanffer, ond gyda gwledd weladwy sy'n 'llenwi'r llygaid'. Mae enghreifftiau o'i waith yn y llyfr hwn yn ysbrydoliaeth i ni oll. Crea Wynne fawl i'r greadigaeth dro ar ôl tro trwy bortreadu ar ganfas rhai o leoliadau eiconig Cymru, yn eu plith capel diarffordd Soar-y-mynydd ac Eglwys y Mwnt yng Ngheredigion, Pwlldderi a Phorth-gain, Eglwys Pilleth a safle Brwydr Brynglas Owain Glyndŵr, Maesyfed, heb sôn am y Tŷ Cwch yn Nhalacharn a Phen Pyrod ym Mhenrhyn Gŵyr.

Rydym yn ffodus bod newid cyfeiriad wedi golygu newid pwyslais yn hanes y cyfathrebwr; daear Cymru, adeiladau Cymru, gorau gweladwy Cymru yw maes ei weithgarwch creadigol bellach a thrwy blesio ei hun yn ei ddewis o wrthrychau, mae'n ein plesio a'n hanrhydeddu ninnau.

Pwysleisiodd y diweddar Syr Kyffin Williams mor bwysig oedd 'mood' mewn paentiad; iddo ef roedd 'mood' mewn paentiad yn gyfystyr ag emosiwn. Ni ellir edrych ar y cyfoeth yn y llyfr hwn heb ymwybod â'r 'mood' sy'n perthyn i'r gwahanol leoliadau a bortreadir.

Rydym yng nghanol y mynyddoedd – 'aros mae'r mynyddau mawr' – sefwn gyda'r arlunydd ar draethau Cymru ac yn ei

Communicating in Paint

How exciting it is to witness an expert in public relations communicating through the act of painting. As the founder and pioneer of a national communications company, Wynne Melville Jones used his skills as a communicator to promote national institutions and commercial companies the length and breadth of Wales. He maximized his ability as a wordsmith verbally and in print and harnessed his creative energies to launch some of Wales's most memorable publicity campaigns.

And then the change of direction. In this book we have comprehensive testimony of Wynne Melville Jones the communicator communicating in paint. Once again he has channelled his drive and passion, but this time his creativity appears in paint on canvas and attracts us not with words and fanfare but with a visual feast. The examples of his work seen in this book are an inspiration to us all.

Wynne sings the praises of creation through his paintings of iconic Welsh locations, among them the isolated chapel of Soar-y-mynydd and the church at Mwnt, both in Ceredigion, the sea cliffs at Pwllderi, the sea port of Porthgain in Pembrokeshire, and Pilleth, site of the Owain Glyndŵr battle in Radnorshire. It is also worth noting the Boathouse at Laugharne and Worm's Head on Gower – all amongst the treasures in this book.

We are fortunate that this change of direction brought a change of emphasis in the life of the communicator; the land of Wales, the historical buildings of Wales, the best of Wales visually has now become Wynne Melville Jones's main area of artistic creativity and by pleasing himself in the choice of locations and subjects he has succeeded in pleasing and honouring us, the viewing public.

The late artist Sir Kyffin Williams was always anxious to stress the importance of 'mood' in a painting. To Sir Kyffin, 'mood' was synonymous with emotion. We cannot look at the riches in this book without being aware of 'mood' as an

bortreadau o gapeli ac eglwysi ymdeimlwn â'r tystiolaethu pwerus fu'n atseinio o fewn eu muriau dros y canrifoedd, a phwy yn well i ddehongli hyn oll i ni na Wynne Melville Jones.

Cyflawna gwaith arlunio Wynne Melville Jones holl ddisgwyliadau prynwyr a chasglwyr celf. Rydym yn chwennych ei wrthrychau, yn llawenhau yn ei ddelweddau ac yn eu trysori ar furiau ein cartrefi, ac fel y gallwn ddisgwyl gan y cyfathrebwr o fri, daw'r delweddau atom i ni eu gweld heb i ni symud o'n cartrefi drwy gyfrwng y dechnoleg newydd.

Ydi, mae'r cyfathrebwr yn ei elfen ac fel y gwelwn yn ei ddelweddau, delweddau ydynt sy'n cyfoethogi bywyd. Mwynhewch y cynnwys – mae gwledd o'ch blaen.

integral part of the artistic process – we are there amidst the mountains, we stand with the artist on the sea coast of Wales, and in his paintings of chapels and churches we are aware of the powerful testimony heard within the walls of these sacred locations over the centuries.

Wynne Melville Jones's artwork fulfils all our expectations as collectors and buyers of art. We rejoice in his images, we desire his paintings and treasure them in our homes and as we expect from the able communicator, we can enjoy and purchase the images without moving from home thanks to the wonders of modern technology. These paintings will enrich your lives – enjoy the book, the feast awaits you.

David Meredith
Cadeirydd Ymddiriedolaeth Syr Kyffin Williams

David Meredith
Chairman, The Sir Kyffin Williams Trust

Rhannu Naws y Wlad

Wedi bwlch o ddeugain mlynedd daeth cyfle i ailgydio yn y brwsh paent yn 2011.

Diflannodd y degawdau cynt gyda phrysurdeb byd cysylltiadau cyhoeddus, marchnata a materion cyhoeddus a busnes. Roeddwn yn ffodus i fod mewn cwmni da ac i raddau helaeth roedd y gwaith yn hwyl ac yn heriol a'r gwaed ar garlam drwy 'ngwythiennau.

Doedd y cyfnod ddim yn gwbwl ddigelfyddyd. Roedd yna agweddau creadigol iawn i lawer o'r gwaith ond roedd disgyblaeth busnes i bob dim. Golygai hyn weithio o fewn terfynau amser a chyllideb, amgylchiadau gwahanol iawn i'r hyn a dybir yw byd rhamantus yr arlunydd.

Yno yn y cefndir roedd hyfforddiant myfyriwr celf a thystysgrif mewn cwpwrdd rywle yn cadarnhau, yn ôl yr awdurdodau, fy mod yn gymwys i ddysgu celf i blant. Roedd y diddordeb mewn celf yno o hyd a'r awydd i fynychu arddangosfeydd ac orielau, lle bynnag y byddwn, yn ffordd o gadw cysylltiad, lled braich, â'r byd celfyddydol rhyngwladol. O ddiddordeb arbennig i mi oedd datblygiad celf yng Nghymru yn ail hanner y ganrif ddiwethaf ac roedd gwefr yng ngwaith artistiaid llwyddiannus a chynhyrchiol megis Wil Roberts, George Chapman, Gwilym Prichard, Kyffin Williams, John Knapp-Fisher, David Tress ac eraill. Bu ffrwyth eu hawen yn harddu fy muriau a'm swyddfa dros y blynyddoedd. Yn ddiau, mae'r rhain i gyd wedi dylanwadu'n drwm ar yr hyn rwyf wedi ceisio ei gynhyrchu dros y pum mlynedd diwethaf.

Y dylanwad mwyaf yn ddi-os oedd fy athro celf yn Ysgol Sir Tregaron, Ogwyn Davies. Gŵr hynaws a charedig ac athro da, sydd hefyd yn artist cydnabyddedig. Rhoddodd ei greadigrwydd ddimensiwn gwahanol i gelfyddyd Gymreig. Perswadiodd fi, ddegawdau lawer yn ôl, i gyflwyno darn o waith a wobrwywyd gan gystadleuaeth Gŵyl Ddewi papur dyddiol y *Western Mail* ac ef wedyn wnaeth fy nghyfeirio i fynd ymlaen i goleg celf. Yn nyddiau coleg hefyd cafodd fy

Sharing the Mood of the Land

After a gap of forty years my opportunity came in 2011 to return to the paint brush.

The years had flown, living in the fast lane of public relations, marketing and public affairs and the business world, but I was fortunate to be in good company and my life was packed with a mixture of excitement and disappointments and the adrenalin kept me going.

My life wasn't devoid of art. There were many varied aspects of creativity in the day-to-day work but it was all based on a business ethos and discipline. It was a matter of working constantly within budget, controlled by deadlines, and therefore very different from the supposedly romantic world of the artist.

In the background was my art school training and a certificate somewhere in a cupboard to vouch for my capability, according to the powers that be, of teaching art to children. The interest in art was always there and I would, as often as possible, on my travels take advantage of the opportunity to visit galleries and exhibitions and to keep alive an arm's length interest in international art and painting. I have always been keenly interested in the development of Welsh art during the second half of the last century and I have found inspiration in the works of prolific and successful Welsh artists like Wil Roberts, George Chapman, Gwilym Prichard, Kyffin Williams, John Knapp-Fisher, David Tress and others. Their paintings have been part of my life and have adorned my office space over the years. Without doubt, these wonderful and talented artists have had a huge influence on the work I have produced during the past five years.

The biggest influence without a doubt was my art teacher at Tregaron County School, Ogwyn Davies, a gracious and kind man and a good teacher who is also a recognised artist in his own right. His creativity brought a new dimension to Welsh art. He once persuaded me to successfully enter a piece

nghreadigrwydd ei estyn hyd yr eithaf gan bobol fel Harvey Thomas, Robert Hunter a Norah Isaac.

O safbwynt y genynnau, roedd fy mam yn naturiol artistig, a'i chartref a'i gwisg bob amser yn bictiwr. Roedd ganddi sgiliau rhyfeddol mewn addurno cacennau a gwaith llaw. A hithau yng nghanol ei chwedegau dechreuodd baentio darluniau olew yn sgil mynychu dosbarthiadau celf Hywel Harries yn Aberystwyth. Mae gennyf un o'i darluniau olew gorau ar fur fy nghartref a theimlaf falchder at ei dawn wrth drin paent. Roedd ei mam hithau yn wneuthurwraig hetiau, a'i thad wedi dysgu ei grefft fel saer coed. Roedd chwaer fy nhad, Mary Eirwen Jones, Llandeilo, yn awdur toreithiog. Ymhlith ei chyhoeddiadau mae *Welsh Crafts*, *A History of Western Embroidery*, *British Samplers* a *The Romance of Lace*.

Gofynnir i mi yn aml a fyddaf yn paentio darluniau yn y man a'r lle ac yn yr awyr agored. Byddaf yn treulio llawer o amser yn yr awyr iach ond mae'r gwaith paentio i gyd yn cael ei wneud dan do yn fy stiwdio fechan. Dyfais ddefnyddiol i arlunydd yw'r camera digidol a byddaf yn gwneud defnydd helaeth ohono yn ogystal â llunio sgetsys bras mewn pensil. Yn ddieithriad, y sialens sydd yn fy wynebu wrth greu llun yw symleiddio'r hyn mae fy llygaid yn ei weld ac mae'r broses o lunio sgets cyflym yn gwneud hynny.

Cwestiwn arall cyson yw sut rwy'n dewis beth i'w baentio. Mae'r ateb i hwn yn syml ac mewn un gair: 'greddf', a phan fod rhywbeth yn dal y llygad yna mae'r cyffro a'r brwdfrydedd yn cymryd drosodd.

Mae gweld a theimlo naws lle arbennig yn ysgogiad ar gyfer mynd ati i greu llun – y lliwiau, y teimlad a'r awyrgylch yn tanio'r awydd i baentio. Effaith golau ar y tirlun sy'n newid y naws yn barhaus. Y gamp yw ceisio cyfleu'r eiliad arbennig drwy gyfrwng paent ar ganfas.

Mae tirlun gogoneddus gorllewin Cymru yn cynnig toreth o bosibiliadau i'r arlunwyr a'r ffotograffwyr. Mae gweld y môr, harddwch y tir a'r awyr yn ymdoddi â grym diflino'r dŵr a'r gwynt a chadernid y creigiau a'r cerrig yn ein hatgoffa

of work into the St David's Day competition in the *Western Mail* daily newspaper and it was his influence that made me decide to continue with my Art education. I was also fortunate in my college years to have my creativity kept alive by the likes of Harvey Thomas, Robert Hunter and Norah Isaac.

I do have an artistic streak in my genes. My mother was naturally artistic and her home and attire always projected her creative flair. Her decorative skills in domestic science and handiwork saw a shift when she was in her mid-sixties and attended Ceredigion art group meetings with Hywel Harries in Aberystwyth. I have one of her best oil paintings hanging in my home and I am amazed by her painting skills. Her mother was a milliner and her father a carpenter. My father's sister, Mary Eirwen Jones, Llandeilo, was a prolific author and her publications include *Welsh Crafts*, *A History of Western Embroidery*, *British Samplers* and *The Romance of Lace*.

I am often asked whether I paint on location in the open air. I do spend a lot of time outdoors but all my painting activity takes place in my small studio. Digital cameras are a blessing to artists and I take lots of photographs of what I plan to paint. The challenge I regularly face is simplifying what I see with my eyes and the process of sketching helps me do this.

Another question people ask is how I select what I paint. The answer is simple – 'instinct', and when something catches your eye then the excitement and enthusiasm take over.

The atmosphere of a place, a visual experience, colouring, a mood or a memory can often trigger the urge to paint. What we see is constantly changing due to the impact of light on the colours and the mood of a landscape or building. The challenge is to catch that single moment of time in a painting.

The stunning beauty of the west Wales landscape offers many opportunities to artists and photographers. The harmony of the land, the sea and the sky and the tireless energy of the sea and the wind, and the solidity of the rocks and stones is a constant reminder of the wonders of creation.

Wynne Melville Jones

Darluniau o Gymru   11   Paintings of Wales

o ryfeddod y cread a gallu anhygoel dyn i oroesi dros y canrifoedd yn byw ar y tir a chreu cysgod a chartref clyd o ddefnyddiau naturiol.

Rwyf wrth fy modd yn paentio hen adeiladau, yn fythynnod, ffermydd, eglwysi a chapeli, a chloddiau cerrig. Dyma ein treftadaeth, dyma fel yr oedd ein hynafiaid yn byw a dyna beth sydd wedi ein mowldio ni dros y canrifoedd i'n gwneud yr hyn ydym.

Nid wyf yn honni fy mod, hyd yma, yn gallu darlunio wynebau pobol ond fy nod wrth bortreadu adeiladau yw chwilio dan yr wyneb am y nodweddion arbennig, a phwysleisio'r cymeriad a'r hanes sy'n rhoi personoliaeth i'r adeiladau hyn.

Mae testun a chynnwys nifer o'm lluniau yn gyfarwydd i gynulleidfa eang. Daethum i dderbyn mai dyna yw apêl y darluniau i rai. Mewn arddangosfa o'm gwaith yn ddiweddar, o ddadansoddi'r gwerthiannau, sylweddolwyd bod cyfartaledd uchel ohonynt heb fod ag unrhyw adnabyddiaeth ohonof fi na chynnwys y lluniau ac mai diddordeb mewn celf oedd yr ysgogiad a bod ambell i destun neu naws ar y tirlun wedi dal llygaid ymwelwyr wrth grwydro'r ardaloedd sydd wedi ysbrydoli fy ngwaith celf.

Mae gweithio ar lun sydd â stori yn gefndir iddo, neu sydd yn rhan o brofiad arbennig, bob amser yn fwy pleserus na phaentio darlun sydd yn ddim byd mwy na llun sy'n bert mewn ffrâm.

Mae llawer o gynnwys fy lluniau yn eiconau Cymreig. Dyma fy nghefndir. Rwy'n teimlo balchder mewn Cymreictod, yn fy nhreftadaeth a'm diwylliant a'm hiaith, ac rwy'n teimlo angerdd a chyfrifoldeb at bopeth Cymraeg a Chymreig. Erbyn hyn sylweddolaf mai fy nghelf yw fy nghyfrwng i fynegi ac i hyrwyddo fy ymwybyddiaeth Gymreig mewn cyfnod pryd mae'r wlad fechan hon yn brwydro'n barhaus am ei bodolaeth ac yn nofio yn erbyn y llif o fygythiadau a difaterwch ac ymdeimlad o Brydeindod ffals. Byddai gweld bod un o'm creadigaethau yn plannu'r hedyn lleiaf o adnabyddiaeth, a

I am astonished by the wondrous ability of humans to survive over generations and to live on the land, to create shelter and build homes out of natural materials. I love painting old buildings – cottages, farmhouses, churches and chapels, stone walls and rocks. This is our heritage, this is where and how our ancestors lived and this is how we have been moulded over generations.

I have always accepted that a personal connection with the content of a painting is the main appeal to a wide audience. At a recent exhibition of my work when analysing the sales it became evident that a considerable percentage of the buyers had no connection with me or the content of my work. They were either into art or were just visitors passing through and a glimpse of a feature or a scene or a mood on the landscape, that inspires my work, had caught their eye.

I do not yet profess to have the ability to paint human faces, but when I portray a building I specifically look for the features, history, culture and character that give the building its personality.

It always gives me more pleasure to paint a picture that has a story or particular experience attached to it rather than simply to produce a picture that looks good when it's framed.

Many of my paintings portray Welsh icons. I am proud of my heritage, my culture and language and I feel passion and a sense of responsibility for all things Welsh. I am proud to be Welsh. My art has become my natural vehicle for expressing this. We live in a time when our small nation has been considerably marginalised. Wales has to continually strive to retain its identity, values and moral rights, often in stormy waters and strong currents of ingrained indifference and a false sense of Britishness. It would give me considerable satisfaction to know that any piece of my artwork had contributed to a stronger awareness, pride and confidence in all things Welsh. This would inspire me to carry on.

I often ask myself whether my paintings would look very different today if I had continued painting during the lost

balchder a hyder yn ein cenedligrwydd yn ysgogiad clir i gario 'mlaen.

Byddaf yn pendroni yn aml pa wedd fyddai i'm lluniau pe byddwn wedi paentio'n gyson dros y deugain mlynedd coll. Tybed a fyddai fy nghelf erbyn hyn yn fwy mentrus, hyderus a haniaethol?

Mae celf i bawb, ac ni ddylai, ar unrhyw gyfrif, gael ei gyfyngu i griw dethol, honedig ddiwylliedig, sydd hefyd yn meddu ar allu ariannol. Yn rhy aml mae orielau cyhoeddus a rhai sy'n fusnesau preifat yn canolbwyntio'n ormodol ar bobol sy'n gysurus eu byd, a hynny efallai am resymau masnachol. Mae hyn yn ddelwedd snobyddlyd ac anffodus mewn celf weledol yn ogystal â'r celfyddydau eraill, sy'n rhwystr mawr o safbwynt cyfathrebu a diwyllio cylch llawer iawn ehangach o bobol. I mi, dylai celf fod yn gyfrwng sy'n cyfoethogi ansawdd bywyd pawb, yn cosi'r meddwl ac yn cysuro. Rwy'n credu hefyd fod yna le i gelf roi mwynhad a boddhad, ac mai chwaeth bersonol sy'n aml yn penderfynu beth yw gwerth llun.

Y mae creu lluniau i mi yn wir bleser. Fy ngobaith yw fy mod yn gallu rhannu'r mwynhad gydag eraill, trwy gyfrwng fy lluniau. Rhannu fy mhrofiad gweladwy gydag eraill wrth geisio bachu naws lle, a throsglwyddo'r teimlad hwnnw mewn paent ar ganfas. Nid wyf yn chwennych mwy na hynny.

Wynne Melville Jones

forty years. Would my art now be more confident, more mature and abstract?

Art is for everyone and is personal and should not be confined to 'culture vultures' or a small select group of the well-to-do middle class. Too often in both public funded and private business-led galleries art is associated with a select elite with spending power. This can only be described as a form of snobbery which unfortunately exists in visual art as in other forms of the Arts, and creates a barrier to communicating with a much wider audience and enriching their lives.

Art is a means to enrich one's life, to culture, to comfort and to raise questions. I believe it should also create a feeling of fulfilment and satisfaction.

Painting gives me immense pleasure. I aim simply to share this satisfaction with my audience, through my paintings, and to invite others to join me in my visual experience and in the mood I have tried to capture in my paintings. I ask no more.

Wynne Melville Jones

Tŷ Poli

Mae Llanfihangel Genau'r Glyn yn un o'r enwau tlysaf ar unrhyw bentref yng Nghymru. Mae tinc telynegol yn yr enw ac mae wedi ysbrydoli beirdd ac arlunwyr dros y blynyddoedd.

Yma yr ydw i wedi ymgartrefu ers dros ddeugain mlynedd ac er mai Llandre yw'r enw cyffredin ar y pentref, penderfynais o symud i'r ardal mai'r enw Llanfihangel Genau'r Glyn y byddwn i'n ei ddefnyddio, hyd yr oedd hynny'n bosibl. Dyna yw enw'r eglwys a'r plwy ac mae nifer o gymdeithasau lleol yn arddel yr enw ond doedd yna ddim cydnabyddiaeth swyddogol. Wedi ymgyrchu am ddegawd fe gafwyd buddugoliaeth a chodwyd arwyddion ar ffiniau'r pentref oedd yn cynnwys y ddau enw, ac erbyn hyn mae'r enw'n cael ei gynnwys ar beiriannau *sat nav*.

Yr enw Llanfihangel Genau'r Glyn oedd yr ysbrydoliaeth i greu Llwybr Llên parhaol mewn coedlan leol sy'n eiddo i'r teulu. Cefais gyngor a chymorth cyfeillion lleol sy'n hyddysg yn y cefndir er mwyn gwireddu'r freuddwyd a bellach mae'n denu unigolion a theuluoedd a chymdeithasau i gerdded y llwybr. Mae'r traddodiad barddol yn yr ardal yn mynd yn ôl i'r 12fed ganrif ac roedd Dafydd ap Gwilym yn crwydro llwybrau'r ardal. Heddiw mae nythaid o feirdd cydnabyddedig a chynhyrchiol yn byw yn y pentref ac mae'r hen draddodiad o glera yn dal yn fyw a chystadlaethau a thalyrnau'n cael eu cynnal yn y gymuned.

Llwyddodd y pentref hyd yma i osgoi stadau tai enfawr a gorddatblygu ac er mor agos yw'r lleoliad – o fewn pum milltir – i dref prifysgol Aberystwyth, mae'r pentref wedi llwyddo i gadw ymdeimlad cymdeithasol a chymunedol yn fyw.

Hen fwthyn nodweddiadol Gymreig â chroglofft, sydd heb fod wedi ei foderneiddio'n ormodol, yw Tŷ Poli, yr adeilad gyferbyn â'n cartre ni. O ailgydio yn y brwsh paent, sylweddolais nad oedd angen chwilio ymhellach am ysbrydoliaeth.

Tŷ Poli

Llandre is a small village in north Ceredigion which has two names. The oldest, Llanfihangel Genau'r Glyn (St Michael's at the mouth of the vale), is considered generally to be one of the prettiest names of any village in Wales. The name has a special ring and has inspired poets and artists over the years.

I have lived in the village for over forty years and when I first moved here I decided to use the older name of the village, as far as that was possible. It's the name of the local church and the community council and is used by many local organisations but at the time it did not have official recognition. After ten years of campaigning the Council erected a new sign with the two names. Now it even works on sat nav.

The name Llanfihangel Genau'r Glyn was the inspiration for developing a unique poetry path in a local woodland owned by my family. I had the support and advice of colleagues with in-depth knowledge of Welsh culture to advise on the project and now hundreds of individuals, families and small groups visit the village to walk the path. The poetic tradition in the area goes back to at least the 12th century and there are a number of renowned poets living in the village today, and poetry competitions are organised in the community. It has been described in the press as 'possibly the most poetic village in Wales'.

Situated about five miles from the university town of Aberystwyth, it has so far avoided large scale housing developments and still retains a strong community spirit.

Tŷ Poli is a traditional Welsh cottage with an old style 'croglofft' and has very little visible signs of modernisation. It's located next to where I live, so having returned to the paintbrush I decided there was no need to look very far for inspiration!

Tŷ Poli

Acrylic (A3)

Troedrhiwsebon
Acrylic (30cm x 21cm)

Bwthyn, Cyfoeth y Brenin
Cottage, Cyfoeth y Brenin
Acrylic (A4)

Llanfihangel Genau'r Glyn
Olew | *Oil* (50cm x 40cm)

Soar-y-mynydd

Y sgwâr o flaen gwesty'r Talbot, lle saif cofgolofn yr apostol heddwch Henry Richard, yw canolbwynt Tregaron, un o drefi marchnad mwyaf Cymreig Cymru. Dyma fan cyfarfod y porthmyn slawer dydd cyn cychwyn ar eu teithiau yn cerdded anifeiliaid i farchnadoedd Lloegr. Yno roeddwn innau'n byw pan oeddwn yn blentyn, a thorfeydd y ffair a'r carnifal a digwyddiadau cyhoeddus y dre yn cyrraedd at ddrws ffrynt ein tŷ ni.

I'r sgwâr hefyd y byddai ffermwyr y mynydd yn arwain merlen ddof ar fore Sul er mwyn tywys fy nhad i bregethu'r Efengyl i deuluoedd yr unigeddau yng Nghapel Soar-y-mynydd.

Saif Capel Soar-y-Mynydd mewn cwm unig ar fynyddoedd Elenydd, tua 10 milltir i'r dwyrain o Dregaron. Codwyd yr adeilad gwyngalchog yn ail hanner y bedwaredd ganrif ar bymtheg ar gyfer gwasanaethu 'cymdeithas y mynydd' – cymuned o ffermydd defaid. Mae'r safle'n cynnwys capel sy'n eistedd tua 100 o bobol, ysgoldy, ynghyd â mynwent a stablau. Dros y blynyddoedd, dyma fu'r unig adeilad cymunedol mewn ardal eang.

Roedd yr ysgol sydd o dan yr un to â'r capel ar agor hyd y 1940au. Dymuniad y rhieni oedd diogelu plant y mynydd rhag dylanwadau llawr gwlad a llwyddwyd i berswadio Awdurdod Addysg Sir Aberteifi i dalu am athro i ddysgu'r plant o ddydd Llun i ddydd Gwener gan letya ar fferm Nantllwyd. Yn ddiweddarach, bu'n rhaid i blant ardal Soar-y-mynydd dderbyn eu haddysg yn Ysgol Tregaron ac erbyn fy amser i yn yr ysgol roedd plant y mynydd yn lletya mewn cartrefi yn Nhregaron yn ystod yr wythnos.

Yn sgil newid mewn ffermio a defnydd tir, mae'r hen gymuned bellach wedi mynd, ond mae drws y capel yn dal ar agor.

Adeg adeiladu Llyn Brianne i gyflenwi dŵr i ddinas Abertawe yn y 1960au, adeiladwyd ffordd darmac newydd a

Soar-y-mynydd

The centre of the small Welsh market town of Tregaron is the square. Here, in front of the renowned Talbot Hotel stands the monument to one of the town's most eminent men, Henry Richard, the Apostle of Peace. In days gone by this was the meeting place for the drovers as they started on their long journeys on foot to the busy markets in England. As a very young boy my home was on the square where the locals would gather for the important social events, including the annual fair and carnival.

It was to the square that farmers from the 'mountain community' would bring a tame pony on a Sunday afternoon in order to take my father and other ministers to Soar-y mynydd to preach the gospel to the scattered community in the hills.

Soar-y-mynydd stands alone in a tranquil valley in Elenydd, in the Cambrian Mountains, about 10 miles east of Tregaron. The whitewashed chapel was built in the second half of the 19th century as a place of worship for the sheep farming community. The site includes the chapel, seating about 100 people, a schoolroom, a graveyard and stables, and is the only community building serving a huge area.

The school at Soar is under the same roof as the chapel and remained open until the 1940s. The parents were adamant that their children should not be influenced by the lifestyle of the families living in the lowland and they successfully persuaded Cardiganshire Education Authority to employ a teacher to work at the school with lodgings provided on a local farm from Monday to Friday. Later the upland children were educated at Tregaron school and during my time in school they lodged at homes in Tregaron during the week.

The 'mountain community' no longer exists due mainly to changes in the method of farming and in land use but the chapel door remains open.

Capel Soar-y-mynydd | *Soar-y-mynydd Chapel*
Addoldy mwyaf diarffordd Cymru | *The most isolated chapel in Wales*

Olew | *Oil* (80cm x 60cm)

daeth yn haws teithio i Soar-y-mynydd. Daeth bywyd newydd i'r capel bach a bellach mae'n atyniad i addolwyr o bob rhan o Gymru, a thu hwnt, a ddaw i fynychu'r oedfaon yn 'iaith y nefoedd' ar y Suliau yn ystod tymor yr haf. Yn ôl y sôn, mae llawer yn teimlo'n agosach at Dduw pan fyddant yn dyrchafu eu llygaid tua'r mynyddoedd.

Mae i Soar-y-mynydd ei rin a'i ramant ei hun ac mae'n denu ymwelwyr o bob rhan o'r byd. Bu cyn-arlywydd UDA, Jimmy Carter, ar ymweliad yno ar 23 Mai 1986 pan oedd ef a'i wraig ar wyliau pysgota yng Nghymru. Dywedodd yr Arlywydd wrth ddod i olwg y capel nad oedd erioed wedi gweld dim byd tebyg yn unman. Cynhyrchwyd 50 copi o brint cyfyngedig o'r llun hwn wedi eu harwyddo a'u rhifo. Mae rhif 1 yn eiddo i Mr Carter. Mae'r ymweliad yn dal i fod yn destun sgwrs yn ardal Tregaron.

Daeth yr ardal i sylw ehangach yn Ionawr 1983 pan ddarganfuwyd ysgrifennydd Capel Soar-y-mynydd, John Hughes Williams, ffermwr lleol poblogaidd, yn farw yn ei gartref, Brynambor, lle roedd yn byw ar ei ben ei hun. Wedi i gymdogion dorri i mewn i'r tŷ darganfuwyd ei gorff gyda chymorth golau leitar sigaréts am nad oedd yna drydan ym Mrynambor. Yn ddiweddarach, dedfrydwyd dyn 35 oed am ei lofruddio.

Bellach mae Soar-y-mynydd yn eiconig fel delwedd o'n treftadaeth grefyddol a diwylliannol. Mae safle unigryw y capel wedi ysbrydoli arlunwyr a ffotograffwyr. Mae print o ddarlun Ogwyn Davies o Soar-y-mynydd gyda geiriau emynau wedi eu plethu i mewn i'r darlun yn boblogaidd. Ogwyn oedd fy athro celf ac roedd yn rhaid i mi wedyn roi cynnig ar bortreadu Soar yn ôl fy llygaid fy hun.

A new tarmac road built in the 1960s during the construction of the Swansea reservoir at Llyn Brianne has provided easier access and the chapel has experienced a new lease of life, attracting worshippers from all parts of Wales and beyond to worship in the 'language of heaven' every Sunday in the summer months. It is said that many people feel closer to God in the hills.

Soar-y-mynydd has a unique charm and attracts tourists from all over the world. In 1986 former US President Jimmy Carter and his wife were in Wales on a fishing holiday and on 23 May they visited Soar-y-mynydd. On approaching the chapel he was quoted as saying that he had never seen anything like it before. Fifty limited edition prints of this painting of Soar-y-myndd have been produced and Mr Carter is the proud owner of Number 1. The visit by the Carters continues to be a topic of conversation in Tregaron.

The area hit the headlines in January 1983 when John Hughes Williams, a popular local farmer and secretary of Soar-y-mynydd chapel was found murdered in his isolated home, Brynambor, where he lived alone. Neighbours who had to break into the house found his body using a cigarette lighter as there was no electricity in the property. Later a 35 year old man was found guilty of his murder.

Soar-y-mynydd is now seen as an icon of our Welsh culture and Nonconformist religious heritage. The strong image of the chapel in the lonely hills has inspired poets and artists. A print by Ogwyn Davies of Soar-y-mynydd with the words of Welsh hymns intertwined in the graphics has been popular for years. Ogwyn was my art teacher and I felt duty bound to make my own painting of Soar, as I see it.

'Taro'r Post i'r Pared Glywed'

Ar ddechrau'r 1960au roedd twristiaid yn gwersylla yn ymyl Soar-y-mynydd pan ddaeth storm enbyd o law ac fe symudodd yr ymwelwyr i aros yn adeilad y capel.

Wedi'r dilyw fe adawyd y capel mewn cyflwr annerbyniol gyda sbwriel a baw dros y lle ac roedd nifer o ffyddloniaid yr achos wedi eu synnu a'u siomi gan agwedd ddi-hid yr ymwelwyr a'u diffyg parch tuag at yr addoldy.

Roeddwn i ar y pryd yn llanc ifanc iawn a gofynnodd fy nhad i mi lythrennu dau boster dwyieithog yn cynnwys yr adnodau 'Gwylia ar dy droed pan fyddech yn myned i Dŷ Dduw' (Preg. 5) a 'Nid oes yma onid Tŷ i Dduw' (Gen. 28).

Gosodwyd y ddau boster ar wal Capel Soar-y-mynydd a'u gadael yno am yn agos i hanner can mlynedd. Rai blynyddoedd yn ôl gofynnodd yr aelodau i mi adnewyddu'r posteri gan fod y rhai gwreiddiol wedi melynu a'r papur wedi braenu. O ganlyniad fe gyflwynwyd y posteri gwreiddiol yn ôl i mi a bellach maen nhw ymysg fy nhrysorau personol ac rwy'n falch iawn ohonyn nhw.

Roedd yn syndod pleserus nad oedd unrhyw arlliw o ddifrod na graffiti ar y posteri gwreiddiol a hynny ar ôl cyfnod o hanner can mlynedd.

Sôn am 'Daro'r post i'r pared glywed'!

Mae'n ymddangos bod y posteri wedi gwneud eu gwaith.

A Camping Story

A group of tourists camping near the little chapel at Soar-y-mynydd in the early 1960s were caught in a heavy rain storm and decided to make camp in the chapel building. They left behind a considerable amount of rubbish, showing little respect towards the building as a place of worship.

At the time I was in my teens and my father, who was the local Presbyterian Minister, asked me to design two simple bilingual posters to display inside Soar with the words of two verses from the Bible:

'Keep thy foot when thou goest to the house of God...' (Ecc. 5) and 'This is no other than the house of God...' (Gen. 28).

These two posters were pinned to the wall at Soar-y-mynydd and remained there for almost fifty years. A few years ago, with both posters showing signs of ageing and fraying, members of the chapel approached me and asked for a new refreshed version. As a result they returned the original versions to me and I consider these to be among my most treasured possessions.

I was pleasantly surprised to see the original posters were untouched with no sign of graffiti and had been respected for almost half a century.

At least, it seems that the posters got the message across.

Darluniau o Gymru — Paintings of Wales

Y Barcud | *Red Kite*
Acrylic (50cm x 40cm)

Camer Fawr, Tregaron

Cartref W Ambrose Bebb, llenor a gwladgarwr | *Home of author and patriot W Ambrose Bebb*

Acrylic (60cm x 45cm)

Watch Cottage

Mae Watch Cottage ar gyrion pentref Tre-fin, rhwng Tyddewi ac Abergwaun, yn enghraifft o adeiladau sy'n gyffredin yng ngorllewin Cymru. Mae nifer o fythynnod a ffermdai tebyg i'w gweld ar hyd yr arfordir ac yng nghefn gwlad Sir Benfro. Fe'u gwelir hefyd ym mhenrhyn Llŷn ac Ynys Môn. Mae'r toeon gwyngalchog deniadol yn dal y llygad, ond yno y maent er mwyn diogelu clydwch y cartrefi hyn rhag gerwinder yr elfennau sy'n taro Cymru o gyfeiriad yr Iwerydd.

Yn wir, rwyf wrth fy modd yn eu gweld.

Anheddau bychain, llwm oedd y rhain a godwyd yn gartrefi i deuluoedd, niferus yn aml, â'u bywydau'n hunangynhaliol, yn llafurio gyda'u hanifeiliaid ar y tir a thyfu cnydau a physgota yn y môr. Roedd modd ennill cyflog bychan drwy gynorthwyo ar ffermydd mawr yr ardal neu weithio mewn cware a chwareli, ac yn ddiweddarach bu'n duedd i'r dynion deithio cryn bellter bob wythnos i ennill bara menyn yn y pyllau glo a'r chwareli llechi.

Daeth tro ar fyd ac wedi degawdau o ddiboblogi daeth twristiaid fel gwenoliaid i ymgartrefu dros yr haf, llawer iawn ohonynt o'r dinasoedd a'r trefi mawr. Un wrth un, meddiannwyd yr hen gartrefi a'u mireinio er mwyn darparu lletŷ gwyliau moethus. Fe'u harddwyd a'u hachub rhag syrthio'n furddunnod, ond am bris.

Bellach dim ond atgof yw'r cartrefi hyn o hen ffordd o fyw nad yw'n bod yno bellach. Dyna pam rwy'n ceisio cyfleu yn y darluniau mai ysbrydion ydynt. Cofgolofnau o dreftadaeth a diwylliant ac iaith.

Fy nod yw ceisio cyfleu cymeriad yr adeiladau diddorol hyn, fel y tybiaf sy'n elfen hanfodol o baentio wynebau mewn portreadau.

Watch Cottage

Watch Cottage, on the outskirts of the small village of Tre-fin, is typical of many buildings in rural west Wales. There are many similar cottages and farmhouses dotted around the countryside in north Pembrokeshire and also on the Llŷn peninsula and Anglesey in north Wales. The handsome cemented whitewashed roofs were built to combat the pounding Atlantic winds.

I find these buildings very attractive.

The small dwellings were very basic but often provided a home for large self-sufficient families, living on the land and growing crops and fishing to sustain both family and livestock. Additional income could be generated from assisting on the larger farms in the area or working in granite quarries. Later, men would travel further afield to work in coalmines and the slate quarries during the week and return home on weekends.

After years of depopulation tourists discovered the stunning beauty of west Wales and visitors, mainly from the cities and large conurbations, were attracted in their thousands during the summer months. One by one these cottages were purchased as holiday accommodation and were upgraded to meet the required demands of the new tourist industry. These buildings were saved from destruction and ruin and were smartly renovated, but at a cost.

These character buildings have been made even more attractive, but they stand as a relic of a way of life that has disappeared forever. They look like ghosts – a reminder of lost communities, culture and language.

My aim is to focus on the character, history and personality of cottages, farmhouses, chapels, churches and pubs in my paintings.

Watch Cottage, Tre-fin

Olew | *Oil* (50cm x 40cm)

Pwllderi

Olew | *Oil* (80cm x 60cm)

Abercastell | *Abercastle*

Olew | *Oil* (80cm x 60cm)

Prom Aberystwyth

Does dim dwywaith bod promenâd Aberystwyth yn atyniad mawr. Mae cerdded y llwybr 2,000 metr yn mynd â chi o'r Lanfa, heibio'r môr, yr hen Goleg Ger y Lli, y Pier ac at droed Craig Glais – rhai o nodweddion pwysica'r dref. Daw llawer o bobol o siroedd y Canolbarth draw ar benwythnos er mwyn drachtio o awel iach y môr ac mae'r machlud enwog ynghyd â gweld y drudwy yn eu degau o filoedd yn ymgasglu i glwydo o dan y Pier yn wledd i'r llygaid. Does dim yn well i gorff ac enaid na chael cerdded ar y Prom a chicio'r bar cyn mynd adre.

Mae poblogrwydd y llun hwn, ac yn enwedig y print sydd wedi ei wneud ohono, yn annisgwyl ond dyw e ddim chwaith yn rhyfeddod o gofio bod yna filoedd lawer dros y blynyddoedd wedi bod yn caru ar y prom yn Aberystwyth a bod yr olygfa yn y llun yn rhan o brofiad emosiynol llawer un ohonom.

Ai prom Aberystwyth yw'r lle mwyaf rhamatus yng Nghymru, dwedwch?

Aberystwyth Prom

Without a doubt the promenade at Aberystwyth is one of the town's biggest attractions. The 2,000 metre walk takes you from the Marina, skirting the sea, the iconic Old University building, the Victorian Pier and to the foot of Constitution Hill, some of the town's most important features. Many people from the inland areas of Mid Wales travel to Aberystwyth during weekends for a breath of sea air, and the famous sunset, together with the starling cloud gathering to roost under the pier at the end of the day, is always a memorable sight. There is no better experience for body and soul than to walk the length of the prom and to kick the bar before turning for home.

The popularity of this picture, and especially the limited edition print of the painting, came as a bit of a surprise to me at first, but considering that generations of couples have been courting on the prom, the snapshot shown in the painting represents an emotional moment experienced by many of us at this very place.

Is Aberystwyth promenade the most romantic place in Wales?

Prom Aberystwyth | *Aberystwyth Prom*
Acrylic (50cm x 40cm)

Ar y Ffordd i Aberaeron
On the Road to Aberaeron
Olew | *Oil* (50cm x 40cm)

Pendinas, Aberystwyth
Acrylic (60cm x 60cm)

Castell Aberystwyth | *Aberystwyth Castle*

Acrylic (80cm x 30cm)

Eglwys y Mwnt

Does dim ond angen ymweld unwaith ag Eglwys y Mwnt ar arfordir Ceredigion a bydd delwedd o'r adeilad gwyngalchog hynafol wedi ei saernïo yn y cof am byth. Mae'r Mwnt yn safle sanctaidd hynafol. Saif eglwys (Eglwys y Grog) sydd o bensaernïaeth syml yn perthyn i'r bedwaredd ganrif ar ddeg, mewn llecyn cysgodol wrth droed bryncyn ac o fewn golwg i fae Ceredigion. Bu'n lloches cyfleus i forwyr ac yn noddfa i bererinion ar eu ffordd i Dyddewi, Ystrad Fflur neu Enlli.

Rwyf wedi ceisio dal naws gyfriniol y Mwnt fin nos yn y darlun hwn. Mae'n un o gyfres o ddarluniau o'r eglwys a'r traeth rwyf wedi eu paentio dros gyfnod o bum mlynedd.

Llecyn diarffordd yn ne Ceredigion yw'r Mwnt a'i draeth o dywod euraid ac erbyn hyn mae'n gyrchfan poblogaidd i dwristiaid, ac wrth gwrs mae'n gyfarwydd i gerddwyr ar Lwybr Arfordir Cymru.

Mwnt Church

Just one visit to Eglwys y Mwnt and the image of the ancient whitewashed building will be engrained in your memory forever. Mwnt is an old holy site and the picturesque 14th century simple white church (Eglwys y Grog / Church of the Holy Rood) with its distinct bell tower, is one of the best known images of the area. The church stands in a sheltered location at the foot of a steep hillock and within sight of Cardigan Bay and has served as a shelter for sailors and a refuge for pilgrims en route to St David's, Strata Florida and Bardsey Island.

In this picture I have tried to catch the magical mood of Mwnt at dusk. This is one of a series of paintings of Mwnt I have painted over a period of five years.

Mwnt and its cove of golden sand, despite its isolated location, is now a popular destination for tourists and is a distinct landmark on the Wales Coastal Path.

Eglwys y Mwnt Fin Nos | *Mwnt Church at Dusk*
Olew | *Oil* (80cm x 60cm)

Pen Pyrod, Gŵyr | *Worm's Head, Gower*
Olew | *Oil* (75cm x 50cm)

Croes Tyddewi | *St David's Cross*

Acrylic (80cm x 30cm)

'Craig Elvis', Eisteddfa Gurig

Mae enw Elvis ar graig ger Eisteddfa Gurig, ar yr A44, rhyw 10 milltir i'r dwyrain o Aberystwyth, yn un o olygfeydd eiconig canolbarth Cymru. I mi wrth ddychwelyd adre ar daith dyma'r olygfa olaf cyn croesi'r ffin 'nôl adre i Geredigion.

Mae'r graffiti wedi bod yno ers 50 mlynedd oddi ar i ddau laslanc o Aberystwyth, John Hefin a David Meredith, baentio enw Elis ar y graig i gefnogi Islwyn Ffowc Elis, ymgeisydd Plaid Cymru yn is-etholiad Sir Drefaldwyn yn 1962, yn dilyn marwolaeth yr aelod seneddol lleol Clement Davies.

O fewn dim o amser roedd rhywun wedi newid yr enw i Elvis a chredir y byddai'r nofelydd a'r gwleidydd Islwyn Ffowc Elis wrth ei fodd yn cael ei gysylltu ag Elvis. Mae yna sôn mai ymgyrchydd iaith adnabyddus oedd hefyd yn un o ddilynwyr mwyaf brwd Elvis fu'n gyfrifol am addasu'r enw.

Bu farw'r nofelydd a'r gwleidydd Islwyn Ffowc Elis yn 79 oed yn 2004.

'Elvis Rock', Eisteddfa Gurig

The Elvis rock at Eisteddfa Gurig on the A44, some 10 miles east of Aberystwyth, is one of the most distinctive iconic sights in mid Wales. On my homeward journey the rock is a milestone and marks the return to my native land of Ceredigion.

The graffiti has been there for over 50 years since two young lads from Aberystwyth, John Hefin and David Meredith, ventured out in the dark to daub the name Elis in support of the Plaid Cymru candidate in Montgomeryshire in 1962. A by-election had been called following the death of the local MP Clement Davies.

Soon afterwards the name was changed to Elvis and it is said that the novelist and politician Islwyn Fowc Elis was pleased to be associated with the King of Rock and Roll. It is believed that a prominent Welsh language campaigner and a dedicated fan of Elvis was responsible for changing the name.

The novelist and politician Islwyn Ffowc Elis died in 2004 at the age of 79.

'Craig Elvis', Eisteddfa Gurig | *'Elvis Rock', Eisteddfa Gurig*
Acrylic (60cm x 45cm)

Rhos-y-rhiw & Tynrhos, Pontrhydygroes
Olew | *Oil* (50cm x 40cm)

Tynfron, Ffair Rhos
Olew | *Oil* (75cm x 50cm)

Pentref Pontrhydfendigaid | *The Village of Pontrhydfendigaid*
Acrylic (60cm x 40cm)

Mathri

Pentref cysglyd ar fryn rhwng Tyddewi ac Abergwaun yw Mathri. Mae'r cloc wedi stopio ond mae bywyd yn tician yn ei flaen.

Mae'n dal fy llygaid wrth i mi deithio'n gyson i Groes-goch yn Sir Benfro a hynny am fod yna debygrwydd i bentrefi Ffrainc, sy'n aml ar dir uchel gydag eglwys ysblennydd yn y canol.

Geiriau o gerdd gan y Cyn-Archdderwydd, ac awdur *Dan y Wenallt*, T James Jones (Jim Parc Nest), 'Rhyw Fethlehem neu Fathri o Le...' sydd wedi'u hoelio yn fy meddwl ac sy'n gefndir i greu'r llun hwn – y syniad o bentref ar ben bryn.

Mewn sgwrs gyda Jim eglurodd mai cerdd a sgrifennodd am bentref Rennes-le-Château yw 'Et in Arcadia Ego' wedi iddo fod ar wyliau yn Ne Ffrainc. Pentref lle mae yna hanes am gynllwyn crefyddol ydyw, a'r lle, dywedir, a roddodd y syniad i Dan Brown greu *The Da Vinci Code* a llyfrau eraill. Dywedodd wrthyf fod yn rhaid i minnau fynd yno.

Ac felly y bu. Ym mis Mawrth 2013 dyma Linda a minnau yn hedfan i Carcassone a chyda chryn drafferth a olygodd deithio ar droed, ar fws, mewn trên a thacsi, fe lwyddwyd i gyrraedd y pentref cyfriniol. Roedd hi'n ddiwrnod o law mân diflas ond fe dreuliwyd tair awr gofiadwy yn naws unigryw'r lle a'r golygfeydd yn gwbwl ryfeddol er gwaetha'r cymylau isel. Mae'r diafol wrth fynedfa'r eglwys a chyfrinach y ceudyllau niferus yn creu rhyw ias na ellir byth ei anghofio.

Bu'r darlun mewn arddangosfa o'm gwaith yn Abergwaun adeg ymweliad Eisteddfod yr Urdd â Sir Benfro yn 2013 ac wedi hynny fe aeth i gartref yn y sir sydd â chysylltiadau amaethyddol â Mathri.

Mathry

Mathry is a small sleepy village on a hill on the road from Fishguard to St David's. The clock appears to have stopped but life ticks on.

It catches my eye on regular travels to Croes-goch in Pembrokeshire because it reminds me of a typical village in France, often built around an impressive church.

A reference in a poem by a former Archdruid of Wales, T James Jones (Jim Parc Nest), gave me the idea of painting this picture – 'Rhyw Fethlehem neu Fathri o Le...' (A Bethlehem or Mathry type of place...). The poem was written after he visited Rennes-le-Château during a holiday in the South of France. The village is known for an intriguing conspiracy theory and is supposedly the inspiration behind Dan Brown's books, including *The Da Vinci Code*.

T James Jones, who is also the author of the Welsh language adaptation of Dylan Thomas' *Under Milk Wood*, told me that I should most certainly visit Rennes-le-Château.

In March 2013 Linda and I boarded a plane to Carcassone and with considerable difficulty, travelling on foot, by bus, train and taxi, we finally succeeded in getting to the mystical village. It was a wet and miserable day, but we spent a memorable three hours, and even with low clouds the views from the village were stunning. The devil stands at the entrance to the little church and the deep secrets of the numerous caverns still linger in our memories.

The painting was included in an exhibition of my work at the West Wales Art Gallery in Fishguard in 2013 and has now found a new permanent home in Pembrokeshire, not far from Mathry.

'Rhyw Fathri neu Fethlehem o Le...'

Ar sail cerdd gan T James Jones | *Based on a poem by T James Jones*

Olew | *Oil* (80cm x 60cm)

'Stop Tap', Tafarn y Sloop, Porthgain | *'Stop Tap', Sloop Inn, Porthgain*
Acrylic (60cm x 28cm)

Harbwr Porthgain | *Porthgain Harbour*

Olew | *Oil* (80cm x 60cm)

Tŷ Bach, Aberaeron

Adeilad amlwg i ymwelwyr ag Aberaeron yw'r tŷ bach sy'n sefyll wrth ymyl harbwr y dref hardd hon ar Fae Ceredigion. Mae'n perthyn i'r cyfnod pan roedd galw mawr am galch, yn bennaf ar gyfer ei ledaenu ar hyd y tir, ac fe'i defnyddiwyd hefyd i adeiladu cyn i sment ddod yn gyffredin ac roedd llawer o'r adeiladau yn cael eu gwyngalchu. Roedd cyflenwadau yn cael eu mewnforio o ardaloedd fel Gŵyr a Sir Benfro i drefydd glan y môr ar hyd yr arfordir. Mae olion odynnau calch yn frith ar hyd arfordir Cymru. Adeiladwyd yr adeilad unigryw hwn fel tŷ pwyso ar gyfer rheoli'r farchnad galch a bu yno brysurdeb mawr rhwng 1800 a 1900. Wrth feddwl am deitl i'r llun doedd e ddim yn fwriad i gamarwain neb ond roedd yn rhaid i mi ei alw yn Tŷ Bach, Aberaeron.

Tŷ Bach, Aberaeron

This little house on the quay at Aberaeron is a memorable feature of this regency town on the Ceredigion coast and is a familiar sight to both locals and the many tourists who flock to this elegant architectural town throughout the year. It dates back to the time when lime was imported from Gower and Pembrokeshire to coves and harbours along the coast and the mineral became a thriving business for seaside towns and villages. The lime was used to neutralize the acidic nature of the soil and also for building, before cement became widely available and buildings were often whitewashed with lime. Remains of lime kilns can be seen today in many places along the coast. The building was erected as a purpose built weighing house in order to regulate the thriving lime trade in the area between 1800 and 1900. In choosing a title for this picture it had to be Tŷ Bach (little house) Aberaeron – not to be confused with the common Welsh name for other small convenient buildings!

Tŷ Bach, Aberaeron

Acrylic (A4)

Moelfre, Ynys Môn | *Moelfre, Anglesey*

Acrylic (80cm x 30cm)

Bythynnod Llanddona, Ynys Môn | *Llanddona Cottages, Anglesey*
Acrylic (80cm x 30cm)

Ffermdy Kennixton

Mae Amgueddfa Werin Cymru Sain Ffagan ger Caerdydd yn adrodd hanes y genedl dros y 500 mlynedd diwethaf ac mae'n un o'n hatyniadau mwyaf poblogaidd. I mi, mae'n un o ganolfannau mwyaf ysbrydoledig Cymru. Ers pan oeddwn yn blentyn rwyf wedi rhyfeddu at gamp y crefftwyr sydd wedi dymchwel, datgymalu ac ailgodi adeiladau o arwyddocâd hanesyddol Cymreig, garreg wrth garreg, a'u hailgodi yn eu ffurf wreiddiol. Gyda natur ein cymunedau a'n cenedl yn cael eu gweddnewid yn gyflym y dyddiau hyn roedd gweledigaeth sylfaenwyr ac arloeswyr yr amgueddfa hon yn bellgyrhaeddol. Erbyn hyn mae nifer ac amrywiaeth yr adeiladau yn Sain Ffagan yn sylweddol ac mae'r prosiect yn parhau.

Un o'r adeiladau mwyaf atyniadol yw Fferm Kennixton, sy'n enghraifft o dŷ fferm o ardal Bro Gŵyr a adeiladwyd yn yr ail ganrif ar bymtheg. Mae cochni'r muriau yn dal y llygaid ond credir mai'r bwriad oedd defnyddio'r lliw er mwyn gwarchod y deiliaid rhag ysbrydion aflan. O ystyried y cyfnod caf yr argraff bod y cartref hwn yn un i deulu cysurus eu byd.

Mae'r adeiladau hyn yn gofnod ac yn ddathliad o allu dyn i oroesi, i greu cysgod a chartref clyd ar gyfer cynnal teulu a chrefft a hamdden.

Kennixton Farmhouse

The Welsh Folk Museum in St Fagans near Cardiff, tells the story of the Welsh nation over 500 years and is one of our most popular attractions. I consider the museum to be one of the most inspirational places in Wales. I have always been amazed at how the museum craftsmen dismantle buildings of historical significance, stone by stone, in locations all over the country, and rebuild these treasures in their original form. With the current rapidly changing nature of our culture and communities we realise the importance of the far-reaching vision of the founders and pioneers of this museum. Now there is a varied collection of buildings at the museum and the project continues.

One of the most impressive is Kennixton Farm, a 17th century farmhouse from Gower. The blood red walls are eye catching and it is believed that the colour was used in order to protect the family from evil spirits. Considering the period I would assume that the farmhouse was home to a well-to-do family.

The collection of buildings at St Fagans are a celebration of man's ability to survive, to provide shelter, to erect a home and workplace and to support family and community.

Ffermdy Kennixton, Sain Ffagan | *Kennixton Farmhouse, St Fagans*
Acrylic (A3)

Shelter, Aberystwyth

Acrylic (80cm x 40cm)

Y Coleg Ger y Lli | *The Old College, Aberystwyth*

Acrylic (80cm x 40cm)

Pantyfedwen

Saif Pantyfedwen, cartref teulu Syr David James, yn adeilad hardd ac urddasol, yng nghefn gwlad Ceredigion, nid nepell o fynachlog Sistersiaidd Ystrad Fflur. Roedd Syr David yn filiwnydd o Gymro Cymraeg a daeth yr enw Pantyfedwen i amlygrwydd cyhoeddus yn sgil cefnogaeth ariannol hael Syr David James i lawer o fudiadau Cymreig. Bu farw yn 1967 a chafodd ei gladdu ym mynwent Ystrad Fflur.

Doeddwn i erioed wedi bod ar gyfyl Pantyfedwen hyd nes i mi alw yno i ofyn am ganiatâd i gael crwydro o gwmpas y lle a thynnu lluniau, gyda'r bwriad o baentio'r darlun hwn.

Roedd yn briodol i'r llun hwn o gartref David James gael ei arddangos am fis yng Nghanolfan Cymry Llundain yng nghanol y metropolis, lle bu unwaith yn un o arweinwyr amlycaf y Cymry yn Llundain.

Ganwyd Syr David yn Llundain i deulu o Geredigion yn 1887 ac fel llawer o Gardis eraill y cyfnod roedd gan y teulu rownd laeth yn Llundain, yn ardal Westminster.

Oherwydd ei iechyd bregus cafodd ei anfon yn llanc ifanc 'nôl i awyr iach Ceredigion a bu'n mynychu Coleg Ystrad Meurig i'w baratoi ar gyfer y weinidogaeth yn yr Eglwys yng Nghymru. Yn sgil trafferthion ariannol ym musnes y teulu yn Llundain, dychwelodd adre, a datblygodd awch at fentro mewn busnes a buan y daeth yn amlwg ym myd masnachol Llundain.

Roedd ei ddiddordebau masnachol yn eang ac yn cynnwys llaeth, grawn, bragu a bwydydd anifeiliaid. Daeth yn adnabyddus yn bennaf am ei ymwneud â byd y sinemâu yn y ddinas ac ef sefydlodd yr Arch-Sinema gyntaf gyda 2,000 o seddau yn y Palladium yn Palmers Green yn 1920. Ar ei anterth roedd ganddo 18 o sinemâu yn Llundain a'r rhai mwyaf enwog oedd Stiwdio 1 a 2 yn Oxford Street.

Pantyfedwen

Pantyfedwen, the family home of Sir David James, the London Welsh philanthropist, lies in the heart of rural Ceredigion. I had never been to Pantyfedwen before I went there with my digital camera and sketch pad.

The secluded country house became a household name in Wales during the second half of the last century as Sir David contributed financial hand-outs to support the cultural and religious life of his homeland, with most of his contributions branded with the name of his family and home.

Sir David was born to Welsh parents in London in 1887 where the family, like many other Cardis, owned a milk round in the Westminster area. The family had deep roots in Ceredigion and due to ill-health the young David James was sent to Wales to be educated at Ystrad Meurig College, in preparation for the ministry in the Church of Wales. Due to severe financial problems in the family business in London he returned to the metropolis where he developed an aptitude for business, and became one of the most successful Welshmen in the commercial life of London.

Sir David's business interests were varied and included milk, grain, brewing and animal feeds. He is best known for his involvement in the cinema world and opened London's first Super Cinema at The Palladium in Palmers Green in 1920 with a seating capacity of 2,000. At the height of his interest in the business he owned 18 cinemas in London – his most famous being Studio 1 and 2 in Oxford Street.

Today many people associate Pantyfedwen with one of the best known Welsh hymn tunes, which was the winning entry in a competition sponsored by Sir David and Pantyfedwen tops the charts and is regularly voted the most popular of all Welsh hymn tunes by viewers of S4C.

Syr David James | Sir David James

Heddiw, mae llawer o bobol yn cysylltu'r enw Pantyfedwen gyda'r emyn-dôn adnabyddus a ddaeth i'r brig yn sgil cystadleuaeth a noddwyd gan Syr David. Mae'n para i fod yn un o emynau mwyaf poblogaidd Cymru.

Sefydlodd Ymddiriedolaeth Pantyfedwn gyda'r nod o sicrhau buddsoddiad parhaol er lles pobol Cymru. Rhoddodd neuadd bentref a llyfrgell i'w fro enedigol ym Mhontrhydfendigaid ac wedi hynny adeiladodd Bafiliwn Pantyfedwen, gyda 2,000 o seddi ynddo, fel cartref i'w eisteddfod newydd yn y Bont, gŵyl a sefydlodd wedi i Eisteddfod Genedlaethol Cymru wrthod ei nawdd am y mynnai ddileu y rheol Gymraeg.

Prynodd westy mwyaf Borth, Ceredigion, y Grand Hotel, a'i fedyddio yn Pantyfedwen cyn ei gyflwyno fel rhodd i fudiad yr Urdd. Cyfrannodd hefyd at nifer o weithgareddau eraill y mudiad. Cyflwynodd gwpan Pantyfedwen (sy'n fwy na chwpan yr FA) yn dlws i bencampwyr pêl-droed yr Urdd a Chwpan Teulu Pantyfedwen, cwpan arian mwyaf y byd, i'w gyflwyno i'r sir uchaf ei marciau yn Eisteddfod yr Urdd bob blwyddyn.

Erbyn hyn gall rhai o syniadau Syr David ymddangos braidd yn ormodol ond rwy'n meddwl bod ei ewyllys i gyfrannu yn ariannol yn adlewyrchiad o ymdeimlad digon didwyll er mwyn ceisio diogelu gwerthoedd ei fagwraeth.

Mae gennyf gof plentyn ohono'n galw heibio droeon i'n cartref yn Nhregaron a gobeithio bod y llun hwn yn un ffordd o ddathlu ei gyfraniad unigryw i Gymru.

Fe wnaeth ei ffortiwn yn Llundain a'i wario yng Nghymru.

Sir David contributed substantial amounts of money to numerous Welsh cultural and religious organisations, including the Church in Wales and the Presbyterian Church of Wales. He established the Pantyfedwen Trust, whose aim was to create a permanent endowment to benefit the people of Wales.

He contributed a village hall and library to his home village of Pontrhydfendigaid and later constructed the Pantyfedwen Pavilion to seat 2,000 people as a permanent home for his own Eisteddfod in the village.

One of the main beneficiaries of his vast wealth was the Urdd youth organisation. Due to Sir David's generosity Urdd members can boast a bigger trophy than the FA cup for the organisation's winning soccer team annually, known as the Pantyfedwen Cup. He later presented the Urdd with 'the largest solid silver rose bowl in the world', the Pantyfedwen Family Cup, to be presented annually to the county winning the highest marks at the annual Urdd National Eisteddfod.

Today, some of Sir David's ideas may appear immoderate in many ways but I have no doubt that his desire to support the 'good causes' of his homeland was a reflection of his genuine deep concern for the survival of his values and of rural communities in Wales.

I felt it appropriate to exhibit this painting of Pantyfedwen for a month at the London Welsh Centre in Grays Inn Road in central London.

He made his money in London and spent it in Wales.

Pantyfedwen, Pontrhydfendigaid

Acrylic (A3)

Bwthyn Trehilyn | *Trehilyn Cottage*
Acrylic (50cm x 40cm)

Melin Wlân Tregwynt | *Tregwynt Woollen Mill*

Acrylic (50cm x 40cm)

Y Tŷ Cwch, Talacharn

Dyma un o dai mwyaf adnabyddus Cymru. Mae lluniau o'r Tŷ Cwch, Talacharn, a fu'n gartref i fardd enwocaf Cymru, Dylan Thomas, wedi eu defnyddio droeon fel delwedd i gynrychioli Cymru yn rhyngwladol. Mae safle godidog y tŷ ar lan y dŵr yn un o lecynnau prydferthaf Sir Gâr a Chymru, ac yn gwbwl hudol. Roedd Dylan Thomas yn un o'r unigolion prin hynny yn ystod y ganrif ddiwethaf a ddaeth yn enw adnabyddus yn rhyngwladol a hynny fel Cymro yn hytrach na Phrydeiniwr. Erbyn heddiw mae llawer mwy o enwau mawr y byd mewn amryw feysydd yn barod i arddel eu gwreiddiau Cymreig.

Dywedir mai yma yr ysgrifennodd y bardd ei ddrama radio adnabyddus *Under Milk Wood* a droswyd i'r Gymraeg yn ddiweddarach dan y teitl *Dan y Wenallt* gan T James Jones.

The Boathouse, Laugharne

This must be one of the most famous of Welsh homes. Images of The Boathouse, Laugharne, former home of Dylan Thomas, the internationally renowned poet, have often been used to promote Wales to the world. This picturesque location has one of the most stunning views in Carmarthenshire and Wales. Dylan Thomas was one of a small group of individuals during the last century to become known internationally as Welsh rather than British. Today more and more big names are proud to promote their Welsh identity.

It is said that it was when living in Laugharne that Dylan Thomas wrote one his best known works, *Under Milk Wood*, a radio play which has also been a huge success as stage productions and on film. He worked from a cabin, which has now been restored, on the high ground above the Boathouse.

Ynys Lochtyn

Mae Ynys Lochtyn ger Llangrannog yn adnabyddus i filoedd o sawl cenhedlaeth o blant Cymru, yn sgil eu hymweliadau â Gwersyll yr Urdd. Bu ymhell dros filiwn o fechgyn a merched Cymru yn aros yno fel gwersyllwyr. Am flynyddoedd roedd cerdded i lawr i draeth y pentref yn Llangrannog yn rhan o'r profiad. Roedd y ffordd fawr yn droellog, yn gul ac yn beryglus gyda'r cynnydd mewn traffig, yn enwedig yn ystod misoedd Gorffennaf ac Awst. Roedd yn fwy diogel ac yn llawer iawn hyfrytach a mwy cyffrous cael cerdded ar lwybr yr arfordir heibio i Ynys Lochtyn. Dyma un o'r darnau mwyaf dramatig ar hyd arfordir chwedlonol Ceredigion. Mae copi o'r darlun hwn yng nghasgliad lluniau y gwersyll yn Llangrannog.

Ynys Lochtyn Island

Ynys Lochtyn is a striking islet on the Ceredigion coast near Llangrannog. It's known to several generations of Welsh children who have stayed in the Urdd camp nearby. The youth organisation has hosted well over a million campers over the years at its excellent residential centre. For many years seeing hundreds of campers walking in a disciplined snake-like row down to the sandy beach was a familiar sight. The increase in holiday traffic made the hike far more perilous during July and August. It was a far more interesting walk along the undulating coastal path passing by Ynys Lochtyn. This rocky stretch of coast is the most dramatic part of the stunning Ceredigion coast. A print of this picture is in the art collection at the Llangrannog Urdd camp.

Y Tŷ Cwch, Talacharn | *The Boathouse, Laugharne*

Cartref Dylan Thomas | *Home of Dylan Thomas*

Olew | *Oil* (50cm x 40cm)

Ynys Lochtyn, Llangrannog | *Lochtyn Island, Llangrannog*
Olew | *Oil* (80cm x 60cm)

Tynsimne, Dôl-y-bont
Olew | *Oil* (50cm x 40cm)

Tynswydd, Tregaron
Acrylic (50cm x 40cm)

Bwthyn a Beic
Cottage and Bike
Olew | *Oil* (50cm x 40cm)

Tal-y-gaer, Pen-caer
Olew | *Oil* (60cm x 60cm)

Y Llwybr
The Path
Olew | *Oil* (50cm x 40cm)

Pilleth

Brwydr Bryn Glas, Pilleth, oedd un o lwyddiannau mwyaf byddin Owain Glyndŵr yn erbyn y Saeson. Yn ystod y frwydr waedlyd ar 22 Mehefin 1402, lladdwyd cannoedd lawer o fyddin Lloegr. Yn ôl y sôn, aeth gwragedd y milwyr Cymreig o amgylch cyrff meirwon y Saeson gan amharu arnynt a'u darnio. Cafodd y frwydr effaith andwyol ar lywodraeth Lloegr am gyfnod hir a cheir cyfeiriad ati yn *Henry IV, Part 1* William Shakespeare.

Saif Pilleth gerllaw Llanandras ym Maesyfed ym Mhowys, ac ar lethrau'r bryn y tu ôl i Eglwys y Santes Fair plannwyd coed i gofnodi'r frwydr. Mae'n olygfa drawiadol ac mae'r awyrgylch yn iasol. Mae ymweld â'r lle yn brofiad cofiadwy.

Yn sgil cerdd gan y bardd Vernon Jones, sy'n gymydog i mi, y deuthum yn ymwybodol o Billeth. Fe'i gwelais ar y teledu yn darllen ac yn egluro ei gerdd 'Pilleth', ac roedd y rhaglen wedi ei ffilmio yn y fan a'r lle. Rhaid oedd mynd yno, ac er i mi a'm priod Linda gael ein dal mewn trwch o eira fe lwyddwyd i gyrraedd pen y daith a chawsom ein hysgwyd gan naws y lle. Yn fuan wedyn trefnais daith arbennig ar Ŵyl Ddewi er mwyn i'm cyd-weithwyr gael blasu'r un profiad. Mae llawer ohonyn nhw'n sôn am yr ymweliad o hyd.

Flynyddoedd yn ddiweddarach, a minnau'n cerdded Clawdd Offa i'r gogledd o Drefyclo yng nghwmni fy ffrind Sulwyn Thomas, fe'm trawyd gan olygfa gyfarwydd o Billeth ar y chwith imi, gyda'r eglwys a'r coed ar ochr y bryn yn elfennau trawiadol o'r tirlun am ran helaeth o'r daith.

Wedi hynny yr es i ati i baentio'r darlun hwn.

Pilleth

The Battle of Bryn Glas at Pilleth was one of the great successes of Owain Glyndŵr's Welsh army against the English. This fierce and bloody battle took place on 22 June 1402 and many hundreds of English soldiers were slaughtered. It is said that the wives of the Welsh soldiers obscenely mutilated the dead bodies of the English. The battle caused considerable disruption in the English government for some time afterwards and it is mentioned in William Shakespeare's *Henry IV, Part 1*.

Pilleth lies on the Welsh border near Presteigne in the Radnor countryside in Powys. Wellingtonia trees have been planted on the sloping hillside next to St Mary's Church, to commemorate the battle. It's an eerie and striking feature of the landscape, and a visit to the site will linger in one's memory for a long time.

I first came across Pilleth when I saw one of my neighbours, Vernon Jones, talking about one of his poems on television. Soon afterwards I travelled to Pilleth during a snowstorm and returned again within a few months with my work colleagues on a cultural trip to mark St David's Day.

Many years later I was walking the Offa's Dyke trail with my friend, Sulwyn Thomas, when suddenly the familiar and memorable sight of Pilleth appeared in the distance and stayed in view for a long time during the walk.

It was after this I painted my picture of Pilleth.

Eglwys Pilleth | *Pilleth Church*

Olew | *Oil* (80cm x 60cm)

Eglwys Cwyfan, Ynys Môn | *St Cwyfan, Anglesey*
Olew | *Oil* (100cm x 50cm)

Bro Ddyfi o Ynys-las
Ynys-las and the Dyfi Valley
Olew | *Oil* (80cm x 60cm)

Llansteffan
Olew | *Oil* (80cm x 60cm)

Cors Caron

Pan oeddwn yn grwtyn ifanc byddai fy maes chwarae'n ymestyn hyd gyrion Cors Caron i grwydro'r caeau ac i adeiladu pontydd amrwd a chronni'r dŵr yn y ceunentydd bychain cyn iddyn nhw gyrraedd môr Galilea ym mawndir y gors. Un tro mi deithiais hyd y gors gyda ffrind mewn canŵ cynfas i lawr afon Teifi rhyw 5 milltir i gyfeiriad Pont Einon.

 Mae'r gors yn un o asedau mwyaf Tregaron a nawr mae modd cerdded ar lwybrau pren i mewn i galon y gors a'r lle'n denu cannoedd o ymwelwyr o bob rhan o'r byd.

 Wedi ailgydio yn y brwsh paent, rhoddais her i mi fy hun o baentio Cors Caron yn y pedwar tymor.

 Bûm yn ymwelydd cyson â'r gors dros ddwy flynedd a mwy, er mwyn profi'r lliwiau a naws y tymhorau. Roeddwn wedi rhagdybio y byddai'r lliwiau a'r adegau o'r flwyddyn yn amlwg ym mhob tymor, ond nid felly y bu. Sylweddolais yn fuan bod y lliwiau'n newid bob eiliad yn sgil effaith golau'r haul ar y tir. Mae lliwiau'r gaeaf yr un mor danbaid â'r tymhorau eraill. Cefais fy ysbrydoli ymhellach pan roddodd yr annwyl Dr Glyn Rees gopi i mi o'i gyfrol o farddoniaeth Saesneg, *Lost Head in Cors Caron*, a agorodd fy llygaid i hen, hen hanes a chreulondeb a gerwinder y gors dros ganrifoedd lawer.

 Perthyn i'r gors rhyw fath o hinsawdd meicro ac er mor braf yw'r diwrnod fe all fod yna storm yn corddi ar Gors Caron, fel y storm gynt ar fôr Galilea. Er mor fygythiol yw'r gors, mae yna ryw swyn a chyfaredd oesol i'r lle.

Cors Caron

In my younger days my playground would stretch as far as the reaches of Cors Caron, the renowned nature reserve near Tregaron. I would wander in the fields, build makeshift bridges and dam the water in the streams before they reached the depths of Cors Caron. I once paddled the 5 mile length of the bog on the river Teifi in a two seater canoe with a friend.

 The bog is one of Tregaron's biggest assets and attracts visitors from all over the world, and it is now possible to walk into the centre of the bog on specially erected duckboards.

 After returning to the paint brush I gave myself the challenge of painting Cors Caron in the four seasons.

 I was once again a regular visitor to Cors Caron, in order to experience the colours and the changing nature of the marshland in the four seasons. I had presumed that the difference in colours at different times of the year would be as expected for the season. I soon realised that this was not the case. The colours changed constantly as a result of the effect of the sun on the land. The wintery colours can be as vibrant as the other seasons. The late Dr Glyn Rhys gave me a copy of his volume of poems, *Lost Head in Cors Caron*, and opened my eyes to the harsh and cruel nature of the bog over many centuries.

 Cors Caron has a microclimate and on a pleasant day I would arrive at the bog to discover a very different climate of bleak weather. Just like the storm on the sea of Galilee. Cors Caron can at times be frightening, but in the depths of the bog there is a timeless magical atmosphere.

Darluniau o Gymru Paintings of Wales

Cors Caron, Tregaron

Cyfres o luniau yn y pedwar tymor | *A series of paintings in the four seasons*

Acrylic (50cm x 40cm)

Mynydd y Garth, Pentyrch | *Garth Mountain, Pentyrch*

Acrylic (80cm x 30cm)

Rhes y Capel, Merthyr Tudful | *Chapel Row, Merthyr Tydfil*

Cartref Joseph Parry, cyfansoddwr 'Myfanwy' a'r emyn-dôn 'Aberystwyth'

Home of Joseph Parry, composer of 'Myfanwy' and the hymn tune 'Aberystwyth'

Acrylic (80cm x 30cm)

Bwthyn Trevigan

Ar sgwâr pentref Croes-goch mae yna fwthyn trawiadol sydd wedi ei baentio'n binc. Dyma Fwthyn Trevigan, cartref a stiwdio'r arlunydd John Knapp-Fisher a fu farw yn 83 oed yn 2015. Er iddo gael ei eni yn Llundain mynwesodd Sir Benfro a symudodd i fyw i'r sir yn y chwedegau, ac am dros drigain mlynedd paentiodd gannoedd o luniau o olygfeydd a nodweddion yr ardal yn ei arddull dihafal. Nodweddion amlwg o'i luniau yw'r defnydd o ddu a hynny yn aml iawn yn yr awyr ac roedd wedi deall, cyn neb arall, beth oedd effaith golau cyfriniol Sir Benfro fel gwrthgyferbyniad i'r tywyllwch ar y tirlun a'r adeiladau. Mae ei waith wedi dylanwadu ar fy narluniau i a phaentiais y darlun hwn fel teyrnged bersonol i'r artist a hynny yn ei ddull unigryw ef. Rwy'n falch bod y darlun hwn wedi'i osod yn barhaol ar fur Ysgol Croes-goch fel dathliad o fywyd a chyfraniad arlunydd mawr a fu fyw yn y pentref.

Trevigan Cottage

In the centre of the village of Croes-goch stands an attractive pink cottage. This is Trevigan Cottage, the home and studio of the artist John Knapp-Fisher who died at the age of 83 in 2015. Born in London, he fell in love with Pembrokeshire as a young man and moved to live in the county, and over sixty years he painted hundreds of pictures of the landscape and features of the area. His paintings are familiar to many people and are easily recognisable, and he is considered the master of the black wash, with his dark skies and fields a contrast to the impact of the magical vibrant light on the landscape and buildings of Pembrokeshire. His work has influenced my paintings and I painted this picture in his style as a personal tribute to the artist. I'm very pleased that this picture is permanently displayed at Ysgol Croes-goch as a reminder to generations of young children of a great painter who lived in the village.

Bwthyn Trevigan, Croes-goch | *Trevigan Cottage, Croes-goch*

Cartref yr arlunydd John Knapp-Fisher | *Home of artist John Knapp-Fisher*

Acrylic (A4)

Croes-goch, Sir Benfro
Croes-goch, Pembrokeshire
Olew | Oil (50cm x 40cm)

Eglwys St Teilo, Sain Ffagan
St Teilo's Church, St Fagans
Acrylic (30cm x 21cm)

Caermedris, Solfach
Caermedris, Solva
Acrylic (A3)

Eglwys Penbryn | *Penbryn Church*

Acrylic (30cm x 30cm)

Darluniau o Gymru   73   Paintings of Wales

Ar y Ffordd i Lanrhian

Ar y ffordd gefn sy'n arwain i bentref Llanrhian yng ngogledd Sir Benfro saif hen ddyddyn a fu'n dŷ haf ers blynyddoedd. Ar Ragfyr 12fed 1979 fe gafodd hwn a thŷ haf arall, lled dau gae oddi wrtho, eu difrodi gan dân. Dyma ddechrau ymgyrch losgi tai haf mudiad cudd Meibion Glyndŵr.

Doedd 1979 ddim yn flwyddyn ddedwydd yng Nghymru, a bu methiant trychinebus y refferendwm ar ddatganoli yn siom i nifer. Bu'n rhaid aros ugain mlynedd cyn gwireddu'r freuddwyd o roi rhywfaint o rym llywodraethu i Gymru. Roedd economi cefn gwlad wedi dirywio'n druenus a'r bobol ifanc yn dianc i'r trefi a'r dinasoedd i chwilio am waith. Roedd y wasgfa ariannol ar gymunedau gwledig yn cael ei gwaethygu wrth i ddieithriaid brynu bythynnod fel tai gwyliau. Daeth dirywiad yn y diwylliant a'r iaith Gymraeg yn bwnc llosg gwleidyddol. Cyflyrwyd rhai i weithredu'n uniongyrchol, gweithredu na welwyd ei debyg ers y bedwaredd ganrif ar bymtheg pan fu Terfysgoedd Beca yn llosgi'r tollbyrth. Trwy gydol yr wythdegau a'r nawdegau llosgwyd 228 o dai gwyliau, y rhan fwyaf yn eiddo i Saeson, ond ambell un yn eiddo i Gymry Cymraeg.

Bu ymdrechion yr heddlu i ddod o hyd i'r rhai fu'n gyfrifol yn aflwyddiannus. Defnyddiwyd dulliau amheus o weithredu, a hynny mewn panig. Cynddeiriogodd hyn lawer o'r brodorion a'r canlyniad oedd i'r ditectifs fethu â chael cydweithrediad y cyhoedd ac roedd hi'n anodd i recriwtio Cymry Cymraeg i'r heddluoedd yn y gogledd a'r gorllewin am flynyddoedd. Parhau i fod yn ddirgelwch llwyr y mae Meibion Glyndŵr.

Fe ddaeth yr ymgyrch losgi i ben ddegawdau yn ôl ond dal i ddirywio wnaeth economi cefn gwlad i sefyllfa druenus. Bellach ystyrir ardaloedd mwyaf gorllewinol Cymru ymhlith y tlotaf yn Ewrop a does yna fawr o ddewis ar ôl i lawer o drigolion ond ceisio chwilio am ffyrdd i gael dau ben llinyn ynghyd.

Un agwedd bositif yw bod llawer o'r bythynnod yn yr ardaloedd hyn bellach wedi eu hadfer er mwyn darparu lletty moethus a chlyd i ateb disgwyliadau twristiaid yr oes fodern.

On the Back Lane to Llanrhian

On a lane leading to the village of Llanrhian in north Pembrokeshire is an old cottage which has been a holiday home for years. On 12th December 1979 this building and another holiday home nearby were ruined by fire. This was the beginning of a campaign to destroy holiday homes by the organisation Meibion Glyndŵr (the sons of Owain Glyndŵr).

Politically 1979 was a difficult year following a referendum which resulted in decisive rejection of devolution in Wales. The rural economy in the Welsh speaking heartland had declined considerably and a generation of young people were moving away in search of work to the larger towns and cities. The economic pressure was intensified by outsiders purchasing properties as holiday homes for inflated prices. The future of rural communities became a burning issue politically, with concerns for the prosperity of the economy, the Welsh language and culture. This led to direct action and the arson attacks were a reminder of the Rebecca Riots back in the 19th century. From 1979 to the 1990s, 228 fires at holiday homes were reported, mainly owned by English people, but a few by Welsh speakers.

The special task force set up by the police to catch those responsible met with very little success. The police found themselves facing a brick wall and this led to panic. Some dubious tactics were employed by detectives, and this had a damaging effect on the relationship with the public. The police found it extremely difficult to get the cooperation of locals and police forces in the north and west struggled to recruit Welsh speakers. Meibion Glyndŵr and their actions remain a mystery.

The arson campaign came to an end thirty years ago but the quality of life in rural areas has continued its downward trend. West Wales has been classed one of the poorest areas in Europe. Many local people have little choice but to try and make ends meet.

A positive aspect is that the landscape has been enhanced with many old cottages being restored to a high standard to meet the expectations of the international tourist industry.

Ar y Ffordd i Lanrhian | *On the Back Lane to Llanrhian*

Acrylic (A4)

Boddi Nant-y-moch – Diwedd Hen Ffordd o Fyw

Mae dŵr wastad wedi bod yn bwnc llosg yng Nghymru.

Boddwyd nifer o gymoedd er mwyn creu cronfeydd a fyddai'n diogelu cyflenwad dŵr i ddinasoedd mawr, yn aml yn Lloegr. Roedd boddi Tryweryn yn 1965 yn drobwynt yn hanes gwleidyddiaeth yng Nghymru ac yn brif ysgogydd sefydlu Llywodraeth Cymru yng Nghaerdydd.

Yn 1964 boddwyd Nant-y-moch, cwm diarffordd yng ngogledd Ceredigion, er mwyn creu gorsaf bŵer hydro yng Nghwm Rheidol. Doedd yna fawr o wrthwynebiad ar y pryd ond roedd y cynllun yn cydredeg â diwedd ffordd o fyw pan aeth ffermdy Nant-y-moch, oedd yn gartref i John a James James, a Chapel Blaen Rheidol, o dan y dŵr.

Boddwyd y cwm er mwyn cynhyrchu trydan adnewyddadwy drwy ddefnyddio dŵr glaw sy'n disgyn ar lechweddau Pumlumon i ateb y galw cynyddol am drydan. Cynllun Rheidol yw'r mwyaf o'i fath yng Nghymru a Lloegr, ac mae'n ddigon i gyflenwi 12,350 o gartrefi.

Roeddwn i yn Nant-y-moch ar gyfer y gwasanaeth olaf pan ddatgorfforwyd y capel ym mis Awst 1960. Roedd cannoedd o bobol wedi ymgasglu yno, a mwyafrif y dorf y tu allan i'r capel.

Rwy'n cofio ei fod yn ddiwrnod o law trwm iawn, a phawb yn wlyb at eu crwyn, ac er i ni ar un olwg ffarwelio â ffordd o fyw arbennig, roedd pawb oedd yno hefyd yn sylweddoli, wrth i'r dilyw ein taro, fod Nant-y-moch yn lle addas iawn ar gyfer adeiladu cronfa ddŵr.

Dadorchuddiwyd y llun olew gwreiddiol yn Llyfrgell Genedlaethol Cymru, Aberystwyth, mewn cyfarfod arbennig gyda bugail olaf Pumlumon, Erwyd Howells, ynghyd â dangosiad arbennig o ffilm TWW *Cwm Tawelwch*, a chyflwynwyd print o'r darlun i'w arddangos yn barhaol yn Ysgol Syr John Rhys ym Mhonterwyd.

The Drowning of Nant-y-moch – The End of a Way of Life

Water has always been a burning issue in the political life of Wales.

Numerous rural valleys in Wales have been drowned in order to quench the thirst for water in large cities, often in England. The drowning of Tryweryn in 1965 was a key turning point in Welsh political history and was one of the key factors in the establishment of a Welsh government in Cardiff.

Nant-y-moch, an isolated valley in north Ceredigion, was drowned in order to construct the Rheidol Hydro Power scheme. This project faced very little opposition but the drowning of Nant-y-Moch farmhouse, home of John and James James, and Blaenrheidol chapel marked the end of an old rural way of life.

The valley was drowned in order to develop renewable energy and harness the power of the heavy rainfall on the slopes of Pumlumon. The Rheidol scheme is the largest hydro project in England and Wales and provides power to 12,350 homes.

I attended the final service in the little chapel at Nant-y-Moch in August 1960. The chapel overflowed as hundreds of people attended the service, with most of the congregation standing outside the building.

I remember it well because of the exceptionally heavy rain and we were all soaked to the skin. As we bade farewell to a way of life, the cloudburst gave a clear message that Nant-y-Moch was an ideal location for a reservoir.

This painting was unveiled at a public event at the National Library of Wales Aberystwyth which featured Erwyd Howells, the last shepherd on Pumlumon, together with a special screening of the TWW classic film *Cwm Tawelwch* (The Silent Valley). A print of the painting was presented to the pupils of Ysgol Syr John Rhys, Ponterwyd, to be permanently displayed at the school.

Nant-y-moch

Boddwyd 1964 | *Drowned 1964*

Olew | *Oil* (80cm x 60cm)

Ffordd Deg Bach, Llaniestyn, Ynys Môn
Ffordd Deg Bach, Llaniestyn, Anglesey
Olew | *Oil* (50 x 40cm)

Fferm Wdig
Wdig Farm
Olew | *Oil* (50cm x 40cm)

Yr Ochr Iawn i Afon Teifi | *The Right Side of the River Teifi*

Acrylic (50cm x 40cm)

Dau Gapel, Tal-y-bont

Mae'r ddau gapel, Tabernacl a Bethel ym mhentref Tal-y-bont, Ceredigion, wedi eu codi gan ddau enwad gwahanol. Maen nhw'n dweud llawer wrthom ni heddiw am hanes crefydd Cymru yn ystod y ddwy ganrif ddiwethaf.

Rhaid parchu'r ffaith i'r adeiladau hyn gael eu codi mewn cyfnod gwahanol iawn a dyw'r hynafiaid ddim yma bellach i ateb ein cwestiynau. I ni heddiw yn y Gymru gyfoes, mae'n ymddangos yn syniad bisâr i godi dau gapel mor fawr ac urddasol drws nesa i'w gilydd. Byddai un capel wedi gallu ateb anghenion holl boblogaeth yr ardal yn y cyfnod hwnnw. Mae dau addoldy arall yn y pentref hefyd.

Mae'n awgrymu i ni bod yna gystadleuaeth frwd rhwng yr enwadau a bod adeiladau mawr a chrand yn ffordd o gyfleu delwedd a dylanwad a grym crefydd. Ai dyma ddechrau'r ymlyniad rhyfedd at adeilad a aeth mor amlwg yn ein crefydd? Erbyn heddiw mae'r adeiladau hyn yn mynd yn drech na'n gallu ni i'w cynnal.

Go brin y byddai Cyngor Ceredigion heddiw yn rhoi caniatâd cynllunio i godi dau gapel mor fawr mewn pentref mor fach.

Mae'r capeli o bensaernïaeth arbennig. Mae Tabernacl wedi ei addasu'n gartref ac mae'r achos yn Bethel yn parhau.

Two Chapels, Tal-y-bont

The two chapels, Tabernacl and Bethel, in the village of Tal-y-bont, Ceredigion, were built by two different denominations of the Christian faith. They speak volumes about the history of Welsh nonconformity over the last two centuries.

We respect the fact that these buildings were erected in a different age and that the forefathers are no longer with us to answer our questions. Today, in modern-day Wales, it seems bizarre to have built two large and impressive chapels next to one another. One building would have been adequate to accommodate the local population at the time. There are also two other places of worship in the village.

It suggests a strong element of competition between chapels. Large and grand buildings project an image of importance and influence. Could this be the source of the strange attachment to religious buildings in our day and age? Today, these large buildings have become a huge strain on resources.

It's highly unlikely Ceredigion Council would today grant planning permission for the construction of two large religious buildings on this site in Tal-y-bont. The two chapels have a distinct architectural style. Tabernacl has now been converted into a dwelling house and the cause in Bethel continues.

Dau Gapel, Tal-y-bont | *Two Chapels, Tal-y-bont*

Cyfrwng cymysg | *Mixed media* (100cm x 50cm)

Yr Aran o Gwm Cynllwyd
The Aran from Cwm Cynllwyd
Olew | *Oil* (50cm x 40cm)

Cae Rêp, Powys
Rapefield, Powys
Acrylic (60cm x 45cm)

Garn Fawr, Pen-caer
Olew | *Oil* (80cm x 60cm)

Sguboriau – Adeiladau Sinc a Newidiodd Dirlun Cefn Gwlad

Mae'r darluniau hyn o sguboriau sinc ymhlith cyfres o luniau rwyf wedi eu paentio. Er bod adeiladau fel hyn yn weddol gyfarwydd ar ffermydd yn gyffredinol, maen nhw'n frith ar draws gorllewin Cymru.

Mae ymweld â dau bentref yn unig yng Ngheredigion, Cribyn a Ffostrasol, yn dangos poblogrwydd y math hwn o adeiladwaith a'r modd y maen nhw wedi cael eu haddasu at wahanol ddefnydd.

Cawsant eu codi wedi'r Ail Ryfel Byd fel adeiladau defnyddiol, syml, rhwydd i'w hadeiladu er mwyn cadw cnydau ac, yn ddiweddarach, er mwyn cadw anifeiliaid dan do. Mae eu hoes bellach yn dod i ben a sawl un yn edrych yn flinedig a thrist, ond mae'n ddiddorol gweld y gwahanol ddefnydd a wneir ohonynt, pob un i'w bwrpas ei hun. Roedd symlrwydd y dyluniad a'r ffaith nad oedd angen fawr o ffrâm ar gyfer y to yn un rheswm dros eu poblogrwydd. Mae siâp crwn y to hefyd yn torri ar gynllun sgwâr unffurf adeiladau ffermydd, ac mae yna gysondeb rhyfeddol i'w lliwiau.

Gyda'r newid mawr mewn dulliau amaethu, ffermydd mwy a llawer o anifeiliaid bellach yn cael eu magu'n bennaf dan do, daeth y siediau anferthol newydd yn well ateb ac yn nodwedd amlwg ar dirlun cefn gwlad.

Barns – Steel Structures that Changed the Rural Landscape

These paintings of Dutch barns are amongst a series I have produced of the interesting buildings. Their rounded shaped roofs has had a substantial impact on the rural landscape, especially in west Wales.

They are scattered throughout the country and a visit to two villages in Ceredigion, Cribyn and Ffostrasol, shows the popularity of these structures and how they have been adapted to meet the needs of farmers and other local businesses and domestic purposes.

They were built as utilities after the Second World War. An easy structure to construct, very adaptable and practical. Originally built to store crops they soon had extensions added on to the main structure to provide shelter for livestock as farming became more intensified. Their popularity was based on a quick build theory without any complex roof structures. Some were blown away in storms but the vast majority survived and many are now looking very tired as their life span nears the end. I'm interested in both the curved shape of the roofs and the colourings of these barns which are in contrast to the traditional basic square shape of farm outbuildings.

With recent changes in farming methods, most animals are now reared indoors and massive new sheds have sprung up on farms, having a huge negative impact on the rural landscape.

Sgubor Sinc | *Dutch Barn*
Olew | *Oil* (50cm x 40cm)

Cader Idris, Eryri
Cader Idris, Snowdonia
Acrylic (30cm x 23cm)

Copa Cymru, Eryri
The Peak Of Wales, Snowdonia
Acrylic (50cm x 40cm)

Y Cnicht, Eryri | Y *Cnicht, Snowdonia*

Acrylic (50cm x 40cm)

Capel Harmony

Mae yna gornel o'r wlad yng ngogledd Sir Benfro sy'n cwmpasu llawer o nodweddion cyfriniol y sir. Lle sydd wedi ysgogi nifer dda o'm darluniau. Yma mae yna ymdeimlad o hen Gymreictod yn y meini ac mae miwsig yn y gwynt, gweddillion gwreiddiau ein cenedl, ac yma yn harddwch naturiol y cread mae'r lle i ni ddeall yn well pwy ydym ni. Dyma'r ardal yr wyf yn ei galw yn *Filltir Sgwâr y Garn Fawr*. Mae'r Garn ei hun yn llwyfan i fwynhau un o'r golygfeydd mwyaf cofiadwy wrth edrych dros Ben-caer i lawr am oleudy Strwmbwl. Yng nghanol yr ardal hon saif Capel Harmony, un o addoldai mwyaf urddasol y Bedyddwyr yng ngogledd y sir. Mae'n enw swynol ac mae'n addoldy o bensaernïaeth mwy addurniedig a chwaethus nag sy'n gyffredinol i gapel anghydffurfiol yng nghanol cefn gwlad gyda'r adeilad yn cael ei gadw mewn cyflwr rhagorol. Gyferbyn â'r capel mae'r festri ac erbyn hyn mae'r byd a'r betws yn teithio'n ddifater trwy'r tir sanctaidd hwn ar hyd y ffordd fawr sy'n rhannu'r ddau adeilad a fu ar hyd y blynyddoedd yn gaer i foes a disgyblaeth ac yn gyrchfan i'r gymuned, a phob un yn ei ddillad parch.

    Yn gefndir i'r llun ceir cip ar y Garn Fawr, un o'r creigiau geirwon trawiadol sy'n gwthio i wyneb y tirlun hwnt ac yma yn y rhan hon o Gymru.

    Mae yma 'flas y cynfyd yn aros fel hen win…'

Harmony Chapel

One small corner of north Pembrokeshire encompasses the magical qualities of this beautiful part of Wales. It has inspired a number of my paintings. Here, there is music in the air and the stones and boulders echo the sounds of an ancient and deep rooted Welsh culture and civilization. A place of exceptional natural beauty, where time stood still for generations, a rural way of life, a close community and a cradle of our culture and its poetic tradition. I call it the *Garn Fawr Square Mile* and the rocky outcrop provides a platform to celebrate one of the most inspiring panoramas in Wales. The striking landmass of Pen-caer rolls down to the lighthouse at Strumble where the sea provides a gigantic backdrop of deep colours.

    Located in the middle of this enchanting countryside is Capel Harmony, one of the most attractive Baptist chapels in the county. The elegant building with its decorative facia is unusual for a Nonconformist place of worship in an isolated rural position and the building is kept in exceptionally good condition. The vestry and the chapel are separated by the tarmac road. Once a centre for the spiritual needs of the community, today the worldly tourists casually travel through what was a disciplined and sacred gathering place for the local families, all dressed in their Sunday best.

Capel Harmony, Pen-caer | *Harmony Chapel, Pen-caer*
Acrylic (75cm x 50cm)

Porth yr Eglwys, Eglwys-fach
Lychgate, Eglwys-fach
Acrylic (40cm x 30cm)

Capel Madog, Ceredigion
Acrylic (30cm x 21cm)

Capel y Ffin, Sir Fynwy
Capel y Ffin, Monmouthshire
Acrylic (30cm x 23cm)

Carreg las y Preselau ym Mynachlog-Ddu
Preseli bluestone at Mynachlog-Ddu
Acrylic (50cm x 40cm)

Penmaendewi

Pan oeddwn yn paentio'r darlun hwn ac ar fin ei orffen sylwais fod yna wyneb yn y graig yn edrych arna i. Roedd hyn yn gwbwl ddamweiniol. Wyneb croenddu ydoedd oedd yn fy atgoffa o Dr Martin Luther King, arweinydd yr ymgyrch dros hawliau sifil pobl groenddu yn America. Gadewais y ddelwedd i fod yn y llun a chofiais am ddarlun enwog Curnow Vosper o Salem sydd i lawer o bobol yn cynnwys wyneb y diafol yn cuddio yn siôl Sian Owen.

St David's Head

I was painting this picture and as I was putting the final touches I noticed a face staring at me in the rock. This was totally accidental. It's the face of a black male similar to Dr Martin Luther King, leader of the African-American Civil Rights Movement. I left the image in the painting. It reminded me of Curnow Vosper's famous painting depicting a scene in the Welsh chapel of Salem, where it is claimed that many people can see the face of the devil in the folds of Sian Owen's shawl.

Penmaendewi | *St David's Head*

Olew | *Oil* (40cm x 40cm)

Carn Menyn o Fynachlog-ddu | *Carn Menyn from Mynachlog-ddu*

Olew | *Oil* (40cm x 40cm)

Llyn y Fan Fach

Olew | *Oil* (80cm x 60cm)

Mynydd Gorddu

Cyflwynais y darlun olew hwn i deulu'r Dr Dafydd Huws fel teyrnged bersonol i'r seiciatrydd blaengar a'r arloeswr ynni gwynt. Mae'r llun yn ymgais i ddathlu ei fywyd ac i gofnodi ei frwdfrydedd afieithus dros Gymru a'r amgylchedd.

Bu marwolaeth Dafydd yn 2011 yn golled fawr i'w deulu ac i Gymru.

Mae'r llun yn seiliedig ar olygfa o fferm Mynydd Gorddu ger Aberystwyth ac mae'r fferm a'r melinau gwynt ar y gorwel. Mae'r delweddau yn symbol o botensial datblygu'n llwyddiannus yng nghefn gwlad.

Roedd yn gymeriad unigryw a chyflawn ac yn gefnogwr brwd dros y symudiad i ddiogelu'r amgylchedd a'r blaned. Fe gofleidiodd y dechnoleg o gynhyrchu pŵer o'r gwynt fel cyfrwng i gyfrannu tuag at leihau allyrion carbon ac mae'n cael ei ystyried fel 'tad' y diwydiant ynni gwynt yng Nghymru.

Mae'r fferm wynt a ddatblygodd ar dir ei fferm Mynydd Gorddu yn gofeb anrhydeddus iddo.

Roedd gweledigaeth Dafydd wrth ddatblygu'r fferm wynt wedi'i hysgogi gymaint gan y potensial i ddatblygu'r cymunedau Cymraeg ag oedd hi'n ymgais i ddiogelu'r amgylchedd – agwedd y mae llawer o wrthwynebwyr ffermydd gwynt yn gwbwl ddall iddi.

Rhian Huws (ar y dde), gweddw y Dr Dafydd Huws, a'i merch Elen, sydd wedi ymgartrefu gyda'i theulu ar fferm Mynydd Gorddu, a Wynne Melville Jones

Rhian Huws (on the right), widow of Dr Dafydd Huws, and daughter Elen, who now lives with her family in Mynydd Gorddu, and Wynne Melville Jones

Mynydd Gorddu

This oil painting was presented to the family of Dr Dafydd Huws as a personal tribute to the renowned psychiatrist and pioneer of wind energy, to celebrate his life and to mark his deep commitment and enthusiasm for Wales and the environment.

His death in 2011 was a big loss to his family and to Wales.

The picture is based on a view of Dafydd's hill farm, Mynydd Gorddu near Aberystwyth, showing the wind farm on the horizon and both are symbols representing the potential for development and success in rural Wales.

Dafydd was committed to the need to protect the environment and the future of the planet and he embraced the role of wind energy as a contributing factor to reducing carbon emissions. He was seen as the 'father' of wind energy in Wales.

The wind farm he developed on his land at Mynydd Gorddu stands as a tribute to his vision.

His vision and enthusiasm for wind energy was as much to do with the rejuvenation of rural communities and the Welsh culture as it was a scheme to safeguard the environment, but unfortunately the objectors appear to be blind to this potential.

Mynydd Gorddu

Teyrnged i'r Dr Dafydd Huws | *A Tribute to Dr Dafydd Huws*

Olew | *Oil* (55cm x 40cm)

Rhoson Uchaf, Tyddewi | *Rhosson Uchaf, St David's*

Acrylic (50cm x 40cm)

Melin Tre-fin

'Nid yw'r felin heno'n malu...', Crwys | *Derelict flour mill made famous by poet Crwys*

Acrylic (60cm x 45cm)

Wallog

Y ffordd fyrraf, ond nid yr hawsaf, i mi gyrraedd y môr yw croesi hen gwmwd Cyfoeth y Brenin i draeth y Wallog, sy'n llechu rhwng Clarach a thraeth y Borth.

Prin yw'r bobol hynny y dof ar eu traws sydd wedi ymweld â'r Wallog. Ond mae'r lle ar lwybr arfordir Ceredigion, yn rhan o lwybr arfordir Cymru, ac yn gyfarwydd i gerddwyr.

Mae rhyw ias yn perthyn i'r lle ac ymdeimlad o fod yn bell o bob man. Nodwedd hynod ac arbennig y lle yw Sarn Cynfelyn, sydd i'w gweld ar ei gorau pan fydd y teid mas. Dyma'r amlycaf o sawl sarn ym Mae Ceredigion ac mae'n rhibyn hir o gerrig sy'n ymestyn allan ymhell i ddyfnder y môr. Mae'n ymddangos yn union fel ffordd fawr sy'n arwain i lawr i Gantre'r Gwaelod, y ddinas ddiflanedig sy'n un o'n chwedlau mwyaf adnabyddus. Fel y gwreiddiau coed hynafol ar draeth y Borth, mae'r sarnau yn ein hatgoffa y bu yno unwaith diroedd ffrwythlon o dan eigion y môr.

Yn ôl y chwedl, ffolineb Seithenyn a achosodd i'r môr orlifo dros y tir, ond mae olion stormydd enbyd y blynyddoedd diwethaf wedi gadael creithiau fyrdd ar amddiffynfeydd y Wallog.

Yma mae'r gaeafau'n arw ond ym mwynder nosweithiau'r haf mae modd clywed clychau Cantre'r Gwaelod yn canu, medden nhw.

Wallog

The shortest way for me to reach the coast is the narrow road winding its way through the old commote of Cyfoeth y Brenin to the hamlet of Wallog on the Ceredigion coast, between Clarach and the beach at Borth.

I've only ever met a handful of people who tell me that they have been to Wallog. Located on the Wales Coastal Path, the pebble beach is familiar to walkers and, at a guess, is possibly a half way point on this popular national trail.

Wallog has an eerie atmosphere and a sense of being far away from the madding crowds. A particular feature is Sarn Cynfelyn, best seen when the tide is out. This is the most prominent of a number of pebble causeways stretching out into the sea in Cardigan Bay. It looks just like a major road leading down to the drowned kingdom of Cantre'r Gwaelod, described in a popular Welsh legend. Like the remains of the ancient tree roots on the beach at Borth, Sarn Cynfelyn is a reminder that there was once a rich and fertile land below the sea.

The legend puts the blame for the drowning of Cantre'r Gwaelod squarely on the shoulders of Seithenyn, the man responsible for the sea defence who was drunk in charge on the night when the sea overflowed the land. Recent storms have also caused considerable damage to the more recent sea defences at Wallog.

Here the winters can be harsh, but in the calm of a summer evening you can still hear the ringing of the bells of Cantre'r Gwaelod, so they say.

Wallog, Arfordir Ceredigion | *Wallog, Ceredigion Coast*

Y Porth i Gantre'r Gwaelod | *The Gateway to Cantre'r Gwaelod*

Acrylic (50cm x 40cm)

Llyn Llygad Rheidol
Acrylic (30cm x 21cm)

Treiler Ifor Williams ar y Mynydd Bach, Ceredigion
Ifor Williams Trailer on the Mynydd Bach, Ceredigion
Olew | *Oil* (50cm x 40cm)

Traeth y Borth | *Borth Beach*

Olew | *Oil* (80cm x 60cm)

Mynydd Bach, Ceredigion

Mae ardal y Mynydd Bach yng Ngheredigion yn dirlun unigryw rhwng môr a mynydd ac mae'n gyforiog o hanes a straeon. Wrth dreulio prynhawn yn crwydro'r ardal heb fod ymhell o Lyn Eiddwen gwelais hen ffermdy gwag. Roedd yno dir garw rhwng lle safwn a'r adeilad a dyma ddaeth ag un stori sy'n wybyddus yn lleol yn ôl i'r cof.

Adeg yr Ail Ryfel Byd roedd y Llywodraeth yn Llundain yn awyddus i wneud y defnydd gorau o'r tir er mwyn cynhyrchu bwyd. Bu'r Gweinidog Amaeth ar ymweliad â'r Mynydd Bach a chael cwmni'r ffermwr ecsentrig oedd yn adnabyddus yn lleol, Dafydd Edwardes.

Wrth gael ei dywys o gwmpas y corstiroedd gofynnodd y Gweinidog iddo 'Tell me, what can you grow on this land?'

'Men, sir', oedd ateb parod Dafydd Edwardes.

Mynydd Bach, Ceredigion

Mynydd Bach in the heart of Ceredigion is an unexpected upland region between the sea and the Cambrian mountains and is rich in history.

I spent an afternoon wandering around the area and came across an empty farmhouse not far from Llyn Eiddwen. The building stood in a field of rugged marshland, which brought back memories of a familiar local story.

During the Second World War the London government policy was to ensure the best use of land for food production. The Minister of Agriculture visited Mynydd Bach in Ceredigion and met a local well known eccentric farmer, Dafydd Edwardes, who gave him a guided tour of the area.

The Minister stopped and asked his guide, 'Tell me, what can you grow on this land?'

'Men, sir', replied Dafydd Edwardes.

Mynydd Bach, Ceredigion

Olew | *Oil* (50cm x 40cm)

Bwlchgwynt, Ffair Rhos

Cartref 'Elerydd' W J Gruffydd, bardd ac Archdderwydd | *Home of 'Elerydd' W J Gruffydd, poet and Archdruid*

Acrylic (30cm x 21cm)

Bear's Hill, Pen-uwch

Cartref y bardd John Roderick Rees | *Home of poet John Roderick Rees*

Acrylic (30cm x 21cm)

Castell Dinas Brân, Llangollen
Dinas Brân Castle, Llangollen
Olew | *Oil* (60cm x 60cm)

Elenydd

Dyma gyfres o luniau a gynhyrchwyd gennyf yn benodol ar gyfer arddangosfa yn Nhregaron.

Fy nod oedd ceisio cyfleu swyn a harddwch a thangnefedd y mynydd-dir i'r dwyrain o Dregaron.

Pan oeddwn yn fachgen ifanc yn Nhregaron roedd yma gymuned o deuluoedd, ffermwyr defaid, yn byw yn yr unigeddau diarffordd hyn a phlant y mynydd yn aros mewn cartrefi yn Nhregaron er mwyn mynychu'r ysgolion. Bu dyfodiad y Comisiwn Coedwigaeth a chreu Llyn Brianne yn hoelen ola yn arch 'Cymdeithas y Mynydd'.

Erbyn hyn mae'r gymuned honno wedi mynd ond mae Soar-y-mynydd yn sefyll fel symbol eiconig o hanes ein diwylliant a'n crefydd. Gyda mynediad i'r mynydd-dir wedi ei hwyluso gan ffyrdd newydd mae'r ardal yn denu preswylwyr sy'n chwilio am ddihangfa rhag y byd a'i bethau.

The Cambrian Mountains

This is a series of paintings I produced especially for an exhibition at Tregaron.

My aim was to capture the magic, the natural beauty and the tranquillity of the mountains to the east of Tregaron.

When I was a young boy in Tregaron I can well remember the close-knit community of hill farmers that lived on these uplands. It was a tough and lonely existence with everyday life a challenge, being exposed to difficult terrain and the unkind elements. The 'mountain children' would lodge in homes in Tregaron during the week in order to attend the local schools. The advance of the Forestry Commission and the construction of Llyn Brianne speeded up the demise of this community.

Today Soar-y-mynydd chapel stands as an icon of our religious and cultural heritage. With access to the mountains now having been transformed the area attracts a new type of visitor, in search of peace and escapism from the rat race.

Elenydd | *The Cambrian Mountains*

Cyfres o bedwar darlun | *A series of four paintings*

Olew | *Oil* (80cm x 60cm)

Darluniau o Gymru 109 Paintings of Wales

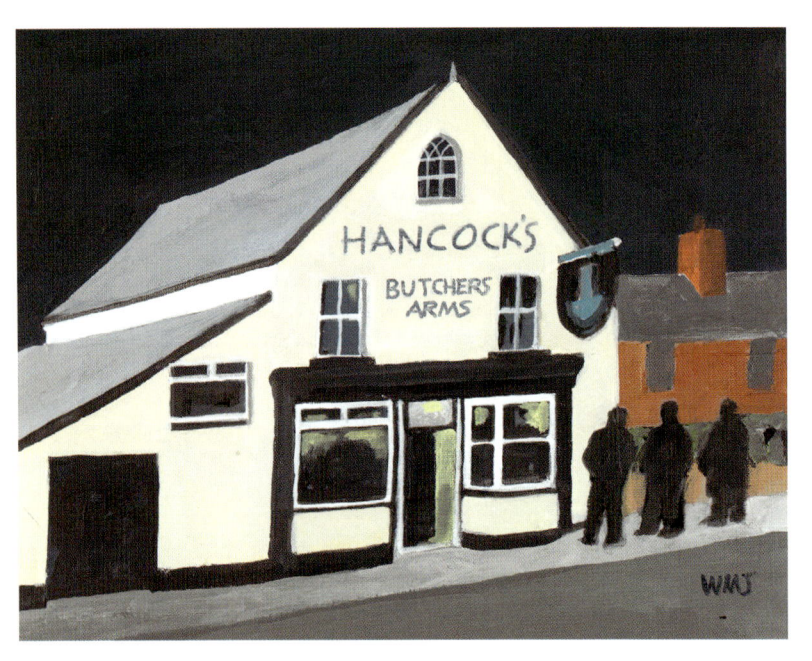

Butchers Arms, Llandaf
Butchers Arms, Llandaff
Acrylic (21cm x 18cm)

Tafarn y Ram, Cwm-ann
Ram Inn, Cwm-ann
Acrylic (30cm x 21cm)

Castell Carreg Cennen, Sir Gâr | *Carreg Cennen Castle, Carmarthenshire*
Acrylic (50cm x 40cm)

Darluniau o Gymru   111   Paintings of Wales

Croes Bregethu Llandaf

Prin iawn yw fy lluniau dinesig er bod gennyf gornel gynnes yn fy nghalon i Ddinas Llandaf yng Nghaerdydd. Dyma ddinas o fewn dinas. Ar un adeg roeddwn yn treulio hanner yr wythnos yn gweithio o fy swyddfa yng Nghaerdydd ac yn preswylio yn Llandaf ac mae'r cyswllt yn parhau.

Nodwedd bwysicaf yr hen bentref yw'r eglwys gadeiriol urddasol sydd â hanes cythryblus hir. Bu'r lle yn fangre gysegredig ers y 6ed ganrif. Uwchlaw'r eglwys mae'r Green sy'n ganolbwynt i'r pentref. Yno saif olion Hen Glochdy'r eglwys, adfail mynedfa Plas yr Esgob (a chwalwyd gan Owain Glyndŵr) a Chroes Bregethu hynafol lle y dywedir y bu'r Archesgob Baldwyn o Gaergaint yn pregethu yn 1188 yng nghwmni Gerallt Gymro.

Amgylchynir y Green gan dai sylweddol ac urddasol sy'n cynnwys cartref Archesgob Cymru. Mae naws eglwysig iawn yn perthyn i'r lle.

Roeddwn eisoes wedi paentio llun o'r Butchers Arms gerllaw sy'n dafarn boblogaidd ers cenedlaethau ac yn sefydliad amlwg yn y cornel hwn o Gaerdydd. Rhaid nawr felly oedd gosod her i mi fy hun i baentio golygfa o'r Green sy'n canolbwyntio ar y groes ac sy'n cynnwys yr eglwys gadeiriol a rhai o'r adeiladau amlwg.

Llandaff Preaching Cross

I cannot profess to be a painter of urban life but I do have a soft spot for the City of Llandaff in Cardiff. This is a city within a city. Some time ago I would spend up to three days a week working from my Cardiff office and residing in Llandaff and I have retained my connection with the village.

The main feature of Llandaff is the splendid cathedral with its long and turbulent history. It has been a site for Christian worship since the 6th century. Above the church is the village Green, a central focal point for the community. Today the main features of the Green are the remains of the Church Bell tower, the ruins of the entrance to The Bishop's Palace (destroyed by Owain Glyndŵr) and the Preaching Cross where Archbishop Baldwyn of Canterbury preached in 1188. He was accompanied by Giraldus Cambrensis.

The Green is surrounded by elegant and substantial buildings including the residence of the Archbishop of Wales, and is dominated by the church. The place has a strong ecclesiastical feel.

I had already painted a picture of the Butchers Arms, a well-known and popular watering place located just off the Green. I now had to give myself the challenge of painting a view of Llandaff Green focusing on the Preaching Cross and including the cathedral and some of the elegant buildings.

Croes Llandaf | *Llandaff Cross*

Acrylic (50cm x 40cm)

Bwthyn, Pennant | *Cottage, Pennant*

Acrylic (30cm x 21cm)

Cors Fochno o Dal-y-bont | *Cors Fochno from Tal-y-bont*

Acrylic (30cm x 23cm)

Pantycelyn

Bu ar fy meddwl ers tro yr hoffwn baentio darlun o Bantycelyn, cartref William Williams, Y Pêr Ganiedydd, yn Sir Gaerfyrddin. Ar dri chanmlwyddiant ei eni dyma benderfynu yn sydyn un prynhawn y byddwn yn bwrw draw i Sir Gâr yng nghwmni Linda fy ngwraig er mwyn ymweld â ffermdy Pantycelyn. Roeddwn wedi bod yno droeon flynyddoedd yn ôl pan oeddwn yn ifanc a gallwn weld delwedd o'r hen dŷ fferm dim ond i mi gau fy llygaid yn dynn. Ond, roeddwn yn chwilio am rywbeth mwy ac fe'i cefais. Bu'r ymweliad yn un cofiadwy ac ysbrydoledig a'r croeso gan y deiliaid presennol Mr Cecil Williams a'i deulu yn gynnes dros ben. Cecil yw'r chweched yn llinach Williams ei hun ac mae ei gartref yn agored bob amser i ymwelwyr o bob rhan o Gymru ac o wledydd y byd. Eglurais wrtho beth oedd fy mwriad a dywedodd y dylwn, wedi cwpla'r gwaith, fynd yn ôl a byddai'r llun yn cael cartref parhaol ar fur Pantycelyn.

Mae cyfraniad William Williams i grefydd a diwylliant Cymru yn anferth a'i waith yn nwfn yn is-ymwybod y genedl. Ysgrifennodd tua 1,000 o emynau, y rhan fwyaf yn Gymraeg a rhai yn Saesneg. Heddiw fe genir ei emynau yn wythnosol mewn amryw o ieithoedd ar draws y byd. Cafodd ei ddisgrifio gan Saunders Lewis fel 'Bardd rhamantaidd mwyaf Ewrop'.

Roedd gennyf gonsyrn ym mlwyddyn tri chanmlwyddiant ei eni nad oedd yna drefniadau digonol ar waith ar gyfer dathliadau teilwng i gofio mawredd Pantycelyn. Trefnais daith genedlaethol i ddangos y llun er mwyn cyrraedd cynulleidfa eang yng Nghymru. Mawr oedd y croeso unwaith eto wrth i ni ddychwelyd i Bantycelyn gyda chopi o'r llun mewn ffrâm yn barod i addurno muriau'r hen ffermdy.

Mae'r darlun yn gyfuniad o olygfa draddodiadol gyfarwydd o ffermdy Pantycelyn yn ogystal hefyd ag elfen haniaethol sy'n ceisio cyfleu emosiynau ysbrydol tanbaid ac awen Williams, y pererin unig, wrth iddo deithio a chenhadu ar hyd a lled Cymru.

Pantycelyn

It had been on my mind for some time to paint Pantycelyn, home of William Williams, Wales' most prolific hymnist.

It is common in Wales to associate a person's name with the name of his or her home, and the name Pantycelyn has for three centuries been synonymous with our greatest writer of hymns.

Having visited Pantycelyn on more than one occasion I could easily visualise the distinct image of the old farmhouse but I felt I wanted something more. It was three hundred years since the birth of William Williams and one afternoon I decided to travel to Carmarthenshire with Linda my wife and my sketch pad and camera. It proved to be an inspirational visit and the warm welcome from Mr Cecil Williams and family made it a memorable day. The farmhouse has been in the same family over the centuries and Cecil is the sixth in line to the great man himself. Their home is an open door to visitors from various parts of Wales and the world. I explained my intention to complete a painting of the farmhouse. The immediate response was that I should revisit and that the completed artwork would find a permanent home at Pantycelyn.

William Williams' impact on Welsh religion and culture has been immense. He wrote almost 1,000 hymns, mostly in the Welsh language, and some in English. I was concerned that little was being done in Wales to celebrate the third centenary of William Willams' birth and I organised the displaying of this picture on a tour of Wales in order to reach a wider audience. Once again we experienced the warm welcome of the Williams family on our return visit to deliver a framed copy of the painting to its permanent home in Pantycelyn.

The painting depicts the traditional and familiar image of the old farmhouse but also incorporates an abstract representation in an attempt to portray William Williams' lonely pilgrimage of Wales, his spiritual awakening and his poetic inspiration.

Pantycelyn

Cartref William Williams, Y Pêr Ganiedydd | *Home of William Williams, Wales' most prolific hymn-writer*

Acrylic (60cm x 40cm)

Harbwr Abergwaun | *Fishguard Harbour*
Acrylic (60cm x 40cm)

Un Funud Fwyn

Seiliwyd ar y gerdd 'Cofio' gan Waldo Williams | *Based on the poem 'Cofio' by Waldo Williams*

Acrylic (80cm x 40cm)

Am restr gyflawn o lyfrau'r Lolfa, mynnwch
gopi am ddim o'n catalog
neu hwyliwch i mewn i'n gwefan

www.ylolfa.com

lle gallwch archebu llyfrau ar-lein.

y Lolfa

TALYBONT CEREDIGION CYMRU SY24 5HE
ebost ylolfa@ylolfa.com
gwefan www.ylolfa.com
ffôn 01970 832 304
ffacs 832 782

Holwch am bris argraffu!
01970 832 304

Oriel Wyn Mel